本当にあった トンデモ法律トラブル

突然の理不尽から身を守るケース・スタディ36

荘司雅彦

幻冬舎新書
418

はじめに

突然ですが、あなたがご自身の戸籍謄本を最後に見たのはいつですか？

「うーん、何年間も見た記憶がないなあ」という方が多いのではないでしょうか？　私も本籍地が遠方にあるので、ここ数年見たことがありません。

またまた唐突な質問で恐縮ですが、あなたが既婚者だとしたら、一緒に暮らしている妻や夫は本当にあなたの配偶者なのでしょうか？

「バカなことを言うな！」と一蹴されるかもしれませんが、何年間も戸籍謄本を見ていないあなたには、目の前にいるご家族との正確な法律関係はわからないはずです。「昔はこうだったから今もそのままだ」という理屈は決して通用しません。

現に本書の第1話は、目の前にいる奥さんが、実は数年前から法律的に妻ではなくなっていたという実話を元にしています。

「そんな話は特別なことで自分には関係がない！」と思われるかもしれませんが、本書でご紹介したケースは、どれもあなたのすぐ近くで、頻繁に起こっていることばかりなのです。明日あなたの身に降りかかる可能性も決して低くありません。

〝驚くべき他人事〟だと思われる本書のケースの数々は、実は10年以上前、まだ親族や世間の目が光っている地方都市周辺で起きた出来事ばかりです。親族や世間の目を気にしなくなった今日、とりわけ都市部では、想像をはるかに超える数の人々が、同様の法律トラブルを経験し、現在も悩まされているのです。

このようなトラブルに見舞われた人々は、実の親にすら相談できないことも少なくないので、仮に身近で起こっていたとしても、あなたの耳に入ることは滅多にありません。現実には、街中ですれ違う人々の5人に1人くらいはこういうトラブルを抱えているのではないかと、私は考えています。

ですから、明日、いえ今日にでもあなたの身に降りかかるかもしれない恐ろしい現実を知っていただきたく、私は本書を執筆しました。事前に知っているといないとでは、心理的ダメージや対処法がまったく異なってきます。

厄介なトラブルに見舞われることなく人生を送ることができればそれが一番です。私としては、本書のケースがあなたにとって〝不運な他人事〟で終わってしまうことを心から願っております。

本当にあったトンデモ法律トラブル／目次

DTP　美創

文中に登場する人物・企業はすべて仮名です。

また、紹介した事例は、著者自身の経験に基づくものですが、

守秘義務の関係で、一部脚色を加えています。

第1章 離婚

①家出した妻から届いた「私たち結婚しました」のハガキ

家出した妻が結婚していた！

「先生！　ちょっとこれを見てくださいよ」

60歳前後とおぼしき男性相談者・奥田さんが、1枚のハガキを私の目の前に出して、泣きそうな声を出しました。

見ると、「私たちは一緒になりました……云々《うんぬん》」と書かれている、よくある結婚の挨拶状です。年配の男女の写真が印刷されていました。

「この写真がどうかしたのですか？」

「この写真に写っている女……私の女房の良子なんですよ〜」

「ええ！　奥さんが？　どういうことですか？」

「私にも何が何だかわかりません。ただ、半年くらい前、良子が突然いなくなったのです」

「いなくなったきっかけは？」

「ちょっとした夫婦喧嘩といいますか……口論になって、私が『出ていけ！』と怒鳴ったら、良子が『出ていきます』と言って家を出ていったのです」

「それから良子さんは帰ってこなかったのですか？」

「ええ……そのうち帰ってくるだろうと思っていたら、帰らないまま半年くらい経《た》ってしまいました」

「警察に捜索願は出さなかったのですか？」

「それが、仕事で、海外に5カ月くらい出張に行く予定が入っていたのです。出発が喧嘩の翌日でしたので……」

「帰国したら、良子さんは何事もなかったかのように家に帰っているだろうと？」

「ええ。それに、私の行き先が、電話もほとんどないような場所で、仕事が忙しかったのと重なって、家に連絡を入れることもできませんでした。ようやく家に帰ったときは、家の中がほこりだらけでびっくりしました。すぐに、良子の実家に電話を入れたのですが、良子の母親は『良子は今、家にいません』と繰り返すばかりで、まったく埒《らち》があきませんでした」

「今まで、喧嘩して実家に帰るなど、良子さんが、奥田さんに何も言わずに家を出ていったことはありますか？」

奥田さんは、思い出すように斜め上を見つめながら、ポツポツと話し始めました。

「自分で言うのも何なのですが……良子は本当によくできた女房です。私にはもったいないくらい、あれこれとよく気の回る女でした。結婚して数十年、実家に帰るときは、必ず事前に私に言ってから行きましたし、一人で外出するのは、買い物や医者に行くときくらいでした。それが、2年くらい前から、週に1、2回の頻度で外出するようになりました。昔の同級生との会合だとか、習い事だとか、いろいろ理由をつけて出ていくようになったのです。夜に外出することも多くなったので、注意したら、夫婦喧嘩になってしまったのです」

「ご夫婦の間で、諍《いさか》いが絶えなかったということは？」

「とんでもない！　夫婦喧嘩でさえ、本格的と言えるのは、先にお話ししたものくらいです。外出が増えてからも、良子はいい女房として細やかに私の面倒を見てくれました。夜に外出する日には、きちんと私の夕飯を作ってくれていましたし、帰宅する時間もきっちり守っていました」

「じゃあ、夫婦関係は円満だった？」

「少なくとも私から見れば、円満そのものでした」

「もちろん、離婚の話なんて出ていませんよね？」

「離婚なんてとんでもない！　一度たりとも、離婚なんて話はありませんでした」

何とも不思議な話でした。

もしかしたら、良子さんは、奥田さんと結婚したまま他の男性と事実婚でもしてしまったのだろうか……と私は思いました。

それにしても、あまりにも唐突すぎるのでは……。

「このハガキはどこから手に入れたのですか？」

「良子の友達で私も知ってる人に先日バッタリ会いました。彼女に『離婚されたのですね～』といきなり言われてビックリして……離婚などしていないと言い張ったら、後日このハガキを持ってきてくれたのです」

「お子さんはいらっしゃらないのですか？」

「残念ながら、子宝には恵まれませんでした」

「率直にうかがいます。奥田さんとしてはどうされたいのですか？」

「私は良子と離婚していません。このハガキの男、葉山一郎に対して、慰謝料請求したいと思ってます。離婚していない以上、この葉山という男は、妻と不倫したことになりますよねぇ！」

「私には、どうにも腑《ふ》に落ちません。葉山さんは、奥田さんと良子さんが離婚したと思っているのではないでしょうか？　それに、婚姻関係、つまり結婚生活が破綻してしまってからの不倫の場合は、慰謝料請求は認められないのです」

「破綻も何も、口喧嘩して出てったただけじゃないですか！　私は、このハガキを見てからノイローゼになってしまって、夜も眠れないのです。とにかく、やるだけやってください。慰謝料を実際に取れなくてもかまいませんから！　私の意地を見せてやりたいのです」

「やむをえませんね～。（弁護士費用の）着手金をドブに捨てるくらいの覚悟を持っていただけるのでしたら、私が葉山氏に内容証明を送りますが……」

「ぜひ、そうしてください。この男をギャフンと言わせたいのです」

「繰り返しますが、ご期待に添えるかどうかはわかりませんよ」

「それでもけっこうです」

このような経緯で、着手金30万円を支払ってもらって、私は奥田さんの依頼を受けることになりました。

家出の3年前に出されていた離婚届

奥田さんから預かったハガキには、「県職員を退職して2年、伴侶を迎え新たな人生を始めることになりました」という趣旨の、葉山氏の挨拶が書かれていました。

私は、ハガキに書かれた住所に次のような内容証明郵便を送りました。

（内容証明郵便とは、「誰が」「誰に」「いつ」「どんな内容の郵便を」送ったのかを、郵便局が証明してくれる郵便です。のちに裁判になったときに強力な証拠になるという効果があります

が、それ以外に、こちらの強い意思を示して相手に心理的プレッシャーをかけるためにも用います）

「当職は、奥田某の代理人として貴殿に対して次のとおり請求いたします。貴殿は、奥田某の妻である良子と事実婚らしき関係を持ち、現在に至っております。ご高承のとおり、かかる行為は奥田某の権利を侵害するもので、貴殿には奥田某に対して慰謝料を支払う義務があります。従いまして、本書到達後2週間以内に500万円の慰謝料をお支払いいただきますようお願い申し上げます。万一、お支払いなき場合には、しかるべき法的措置を取らせていただきます。なお、本件につきましては、当職が奥田某から委任を受けておりますので、ご連絡等はすべて当職宛お願い申し上げます」

それと同時に、弁護士会を通じて、遠方の市役所に対し、奥田さんと良子さんの離婚届が提出されているか、もし提出されているならその写しを送ってもらえないか、依頼しました。本籍地も遠方だったことから、奥田さんは戸籍も確認していませんでした。

内容証明を送付して数日後、葉山氏から面会を求める電話がありました。

決められた面会日時ぴったりに事務所にやってきた葉山氏は、白髪で細身の、「紳士」というイメージでした。

良子さんとのことを尋ねると、

「私は、良子の離婚後しばらくしてから付き合い出したのです。婚姻届も出していますし、奥田さんに対してやましいことは一切しておりません」

と、葉山氏は丁寧ながらも自信に溢《あふ》れた口調で答えました。

私は、あれこれ話しながら、葉山氏の目や仕草を観察していましたが、葉山氏が嘘を言っているとは到底思えませんでした。

「お話は承りました」

と言って面会を終え、私は弁護士会からの回答を待つことにしました。

数週間後、弁護士会からコピーが添えられた回答が送られてきました。

離婚届のコピーでした。

内容を見た私は愕然《がくぜん》としました。

な、何と、離婚届の提出日は、夫婦喧嘩をして良子さんが出ていったと奥田さんが言っていた日の、約3年前になっているのです。

良子さんが、奥田さんの名前を書いて三文判を押して提出したのでしょう。

(ちなみに、このような行為は、「有印私文書偽造」「偽造私文書等行使」「電磁的公正証書原本不実記録」という立派な犯罪です)

つまり、良子さんは、家を出ていく3年前に離婚届を提出していたのです。

勝手に離婚届を出してから3年間、良子さんは、奥田さんにとって「本当によくできた女房」として、一緒に暮らしていたのです。

離婚届（偽造したもの）を提出しておきながら、平然と「よくできた女房」を演じてきた良子さん。

男には想像もできない驚異的な精神力の持ち主だったのでしょうか？

ある意味、最強の妻であったと、今でも私は思っています。

私は奥田さんにこの事実を伝え、警察が受理するかどうかわからないが良子さんを刑事告訴できること、離婚無効・婚姻取消しの訴えを起こすことができること等を説明し、それらの行動を起こしたとしても、良子さんとの関係が元に戻る見こみは少ないという私の感想も付け加えて述べました。奥田さんは

「なんてこった〜。これ以上やるかどうかは、今はとても考えられません」

と、肩を落として帰っていかれました。

あまりにも寂しそうな後ろ姿を見せながら……。

②やられた！妻たちの瞬間蒸発作戦

妻が消えた、カーテンも消えた

「先生、やられました」

事務所にやってきた男性・中村さんは、ぼそりとつぶやきました。

中村さんの話を要約すると、次のようなものでした。

中村さんは、自宅兼仕事場で自営業を営み、経理は奥さんに任せていました。

結婚して10年以上経つのですが、子どもはいません。

ある日、仕事で中村さんが遠方に出向くことになりました。

「行ってきます」

「気を付けて」

いつものように挨拶を交わし、中村さんは遠方に出かけました。

夜になって自宅に帰ると、灯りが消えて真っ暗でした。

どうしたんだろう、と思って灯りをつけると、家財道具がほとんどなくなっているではありませんか！

よくよく見ると、すべての部屋のカーテンまでなくなっています。

驚いた中村さんが奥さんを捜すと、ひとつだけポツンと残された机の上に、次のようなメモ書きが残されていました。

「私はあなたとの離婚を決意しました。後日、依頼した弁護士から連絡がいきます」

中村さんが仕事で外出している間に、奥さんは家財道具をまとめて出ていってしまったのです。

わざわざ、カーテンまではずして……。

「奥さんに、離婚したがっていた様子などはなかったのですか？」

私が尋ねると、

「いいえ。まったく感じませんでした。今でも狐《きつね》につままれたような気分です……」

中村さんは、悪い夢でも見ているかのようでした。

瞬間蒸発作戦を決行されると男は……

後日、中村さんの奥さんの委任を受けた弁護士が、裁判所に離婚調停（正式には「夫婦関係調整調停」といいます）を申し立て、私が中村さんの代理人になって対応することになりました。

中村さんは、経理をすべて奥さんに任せ、自分では現預金がいくらあるかもまったく知らなかったため、中村さんが思いつく限りの銀行等に、裁判所を通じて問い合わせをしました。

その結果、出てきたのは自宅近くの銀行の中村さん名義の預金だけで、奥さん名義のものはまったく出てきませんでした。

元帳を見ると、ふだんの生活で使う現金の入出金だけで、残高はわずかなものでした。

それ以上調べるすべがありませんでしたので、些細な金額を夫婦で折半することで、中村さんは離婚を決意せざるをえませんでした。

私は、中村さんの奥さんのやり方を、「瞬間蒸発作戦」と呼んでいます。

「瞬間蒸発作戦」を使って離婚に成功した妻たちを、実は私は何人か知っています（カーテンまで持っていかれたのは中村さんだけですが……）。

別件では、朝、ふだんどおりに家を出た夫が帰宅すると、妻と子どもと身の回りの物がなくなっており、「書き置き」だけが残されていたということがありました。

「書き置き」がある以上、警察に捜索願を出すわけにもいきません。

妻の実家に連絡しても、「居場所は知らない」の一点張りです。

しかる後に、妻の委任を受けた弁護士が調停を申し立て、先制パンチを食らって弱り果てていた夫は、しぶしぶ離婚に応じ、子どもの親権者も妻ということで決着しました。

これと似たような例は、世の中にままあります。

「瞬間蒸発作戦」のコツは、

・作戦決行日まで絶対に夫にさとられないこと
・実家に乗りこんでくるような夫の場合は、あらかじめ避難先を確保しておくこと
・夫が先制パンチを食らって弱っているうちに、弁護士、もしくは信頼できる男性親族等から、夫に対して自分の意向を伝えること

の3点でしょう。

私の知る限り、「瞬間蒸発作戦」を決行された夫は、あっという間に諦めてしまいました。例外は知りません。

最後に、男性諸氏のために一言。

ふだんから奥さんの様子に関心を払っておくのはもちろんのこと、相応の貯蓄がある場合には、最低限、その預け先くらいは知っておきましょう。

自分の身にそのようなことが起こることなど絶対にない、と思いこまないことが何よりも大切です。

③頑張って働いたために扶養料がもらえないなんて

元夫が養育費を払ってくれない

若い夫婦の離婚が訴訟にまで発展するケースは、それほど多くありません。婚姻生活中に形成した財産と言えるものがほとんどないからです。

ただ、幼い子どもの親権をめぐって、父親側がどうしても譲らない場合は、訴訟になるケースがあります。

父親側の両親が「わが家の跡取りをあんな女に任せるわけにはいかない！」と、旧来型の考え方を主張すると、若い父親も意地になってしまうのです。

かつて、幼い子どもの親権を争った、若い夫婦の離婚訴訟を担当しました。

結果的には、セオリーどおり、母親の依頼を受けた当方が勝訴し、判決も確定しました。はっきりと物を言う、若いながらもしっかりした女性でした。

事件が一段落してから半年くらい経った頃でしょうか。

依頼者だった母親から私に、次のような電話がありました。

「決められた養育費が支払われなくなったのです。元夫の実家に電話しても〝息子はどっかに蒸発してしまったから知らない〟の一言で電話を切られる始末です」

親子でグルになって嫌がらせをしているに違いないと思った私は、元夫の実家に電話し、本人と話がしたい、もし家を出たのなら居場所だけでも教えてほしい、子どもがあなたたちの孫であるのは離婚しても変わらない、などと説得したのですが、「知らぬ存ぜぬ、自分たちは関係ない」の一点張り。

さすがに頭にきて、依頼者であった元妻に、

「こんなことは納得できません。弁護士費用はけっこうですから、元夫の両親を相手取ってお子さんの扶養料の請求をさせてください。あなたもお子さんも、養育費が入らないままだと困るでしょうから」

と言って、元夫の両親相手に孫の扶養料支払いの調停を申し立てました。

ちなみに、直系血族（祖父母・父母・子・孫などの血縁者）には扶養義務があります。

元妻の両親には収入がありませんでしたので、子どものもう一方の祖父母に当たる元夫の両親からいくらかの扶養料は取れるだろうと、私は判断したのです。

これでは頑張り損

元夫の両親はずっと頑固で調停を無視したため、審判に移行しました。調停というのは話し合いの場、審判というのは、裁判官が審理して判決を下す場のことです。

「これで祖父母としての自覚を持たせてやる！」と意気ごんでいた私の事務所に、数カ月後、家庭裁判所から審判書が送られてきました。

審判書を見て私は愕然としました。

主文は「本件申立を棄却する」となっているではありませんか！

理由を読むと、おおむね次のようなものでした。

「申立人（元妻）は、現在、朝から夕方まで工場で働いており、夜は飲食店に勤務している。その間、子どもは親元で面倒を見てもらっている。

申立人（元妻）は、1カ月平均○○万円の収入を得ており、その金額を斟酌《しんしゃく》すれば、子どもは要扶養状態にあるとは言えないので、扶養料請求は認めない」

つまり、母親が昼夜働いて十分な収入があるから、祖父母には扶養義務がない、という判断なのです。

がっくり肩を落とした私は、「これじゃあ、頑張り損じゃないか……」と、何とも言えない憤りを感じたものでした。

あの若い母親がこんなに頑張っていることを、審判書を見るまで気づかなかった自分自身を恥じながら……。

④トンデモ調停委員に当たった不運

「調停」を知っていますか

ここまでにも何度か出てきた「調停」について、少しご説明しましょう。

調停とは、判決で勝ち負けを決めるのではなく、裁判官と調停委員が間に入って、当事者が話し合いによって紛争を解決することです。

裁判所の調停には、民事調停と家事調停があります。民事調停は簡易裁判所で、家事調停は家庭裁判所で行われます。

通常、ひとつの案件に2名の調停委員（家事調停は男女各1名ずつ）が付き、中立人と相手方を交互に調停室に呼んで、話を聞いたり説得したりします。

調停委員は裁判所の委託を受けた民間人で、特別な資格はありません。時間が自由になる経営者、自営業、退職教員などが務めることが多いようです。

中立人と相手方は、顔を合わせなくて済むように配慮されており、控え室も別々です。相手が調停室にいる間は、中立人控え室もしくは相手方控え室で待機します。

　ですから、争っている相手と面と向かって丁々発止やりあうことも、専門用語が飛び交うこともありません。

　わからない点は、担当書記官が懇切丁寧に教えてくれます。

　このような制度ですので、調停だけでまとまりそうな案件は、原則として私は依頼を受けないようにしていました（自分たちだけで対応できるのに、弁護士に依頼して費用を払うのはもったいないからです）。

　しかし、前回のような、子どもの親権争いで双方譲らず、訴訟になりそうな案件では、調停段階から依頼を受けて、依頼者と一緒に調停に出頭することがありました。

せっかくまとまるはずだったのに

　今回のお話も、まさに〝幼い子どもの親権争い〟で、訴訟になること必至の案件で、妻側から依頼された事例です。

　依頼者の妻は、おっとりした性格の常識的な人で、幸い相手方の夫も、ごく常識的な人物と聞いていました。

　当方は、離婚成立までの無職の妻の生活費と子どもの養育費を合わせた婚姻費用分担金を請求し、先方は子どもとの面会交流を求めました。

子どもとの面会交流について、妻は、

「私はこんな時期に会わせたくはないのですが、夫は常識的な人で子どもにも気を遣いますから、どうしてもと言われれば会わせてもいいと思っています」

と素直な気持ちを打ち明けてくれました。

そこで、こちらとしては、婚姻費用で折り合えば、1カ月に1、2回は面会交流を認めるという方針で、調停に臨むことにしました。

調停室に入り、調停委員に挨拶をすると、年配の男女の調停委員が、いかにも〝上から目線〟という態度で接してきました。

そのとき私は、とてもイヤ〜な予感がしました。

まず、女性の調停委員が私の依頼者である妻に向かって、

「あなたの本音を教えてください。ご主人とお子さんの面会交流をどう思いますか?」

と尋ねたので、彼女は、

「本音としては……今の時点では会ってほしくないという気持ちが強いです」

と、答えました。

その答えを聞くと、女性の調停委員の表情がにわかに険しくなり、

「あなたは児童心理学を知っていますか？」

「別居するとき、あなたはご主人の承諾を得てお子さんを連れていったのですか？」

「子どもはあなたの所有物なんかじゃありませんよ！」

と、矢継ぎ早に高圧的な態度で、〝お説教〟を始めたのです。

私が、

「ちょっと待ってください、先生。当方もその点は十分考えて……」

と言うと、

「弁護士さんは、私の話が終わるまで黙っていてください！」

と、意見を言う隙も与えない始末。

とうとう、妻は泣き出してしまいました。

泣きながら、

「もう嫌です。婚姻費用はいりませんから、子どもは絶対夫には会わせません」

と、涙と鼻水でぐしゃぐしゃになった顔を引きつらせて、断言してしまいました。

取り急ぎ控え室に連れていって、慰めながら意見を聞くと、「面会交流は絶対嫌だという意思が固まった」とのこと。

本人が落ち着くのを見はからって、調停室に戻った私は、

「せっかくまとまるはずの話が、先生のお話のせいで流れてしまいました。書記官を通して裁判官に強く抗議します！」

と、怒りをぶちまけてしまいました。

あの有無を言わせない〝お説教ぶり〟からすると、退職教員だったのかもしれません。

それにしても、〝大ハズレ〟の調停委員に当たるととんでもないことになるということを、しみじみと実感させられた事件でした。

⑤法廷に現れた鬼嫁、衝撃の姿！

妻が離婚に応じてくれない

30代半ばの男性と、その母親が事務所の椅子に座っていました。

「どうも、お待たせしました。離婚のご相談ということでうかがっていますが……」

「ええ、私は、女手ひとつで息子を大切に育ててきました。そのかいあって、素直ないい子に育ってくれたと自負しています。勉強にも真面目に取り組んで、現在は中川電機（仮名ですが、大企業です）の中堅として働いています。ニューヨーク駐在経験もございますの」

「それはそれは、とてもご立派な経歴ですね」

「ところが、嫁が問題でして……。結婚したときから、暴力を振るう、何でも息子にやらせる、気に入らないと怒鳴り散らす……などなど、一言で言うと鬼嫁なんです」

「それで、離婚を決意されたということですね。当事者同士の話し合いで決着がつかない場合は、家庭裁判所で離婚調停を行わなければなりません」

「調停は終わりました。嫁が断固として息子とは離婚しないの一点張りで、条件面での話し合いにまで至りませんでした」

事のいきさつはすべて母親が説明し、やや中性的とも思える優男《やさおとこ》の息子は、黙って座っているだけでした。

「良夫さん、あなたご自身は離婚についてはどうお考えなのですか？」

私が本人である息子に水を向けると、

「はい……会社のこともあって離婚はためらっていましたが……もう限界です」

彼は、聞き取るのが難しいくらいの、弱々しく小さな声で答えました。

「お子さんはいらっしゃるのですか？」

「はい……おります。ふだんは別居しているのですが……土日は子どもの顔を見るために……妻の住んでいる社宅に通っています」

毎週土日に通っているというのが気になりましたが、調停がうまくいかなかったのであれば、もう訴訟しかありません。

詳しい事情を尋ねると、夫婦生活は以下のようなものでした。

妻とは見合い結婚。

特に気に入ったわけではないが、周囲の後押しで結婚に踏み切った。

結婚してから、妻は本性を現し、彼に毎日のように「ぐず!」「役立たず!」というような罵声《ばせい》を浴びせるようになった。

妻が妊娠・出産。

子どもができたら妻の性格も変わるだろうと期待したが、残念ながら彼に対する態度は悪化こそすれ、軟化することはなかった。

今まで、少なくとも4、5回は、木製の椅子や傘で叩かれ、額の皮膚が裂けて顔中血まみれになったこともあった。

母に頼んでアパートを借りて独り暮らしをしているが、毎週土日には、妻子のいる社宅に通っている。

仕事の都合で行けない週があると、妻は彼の携帯電話に連絡してきて、

「早く用事を終わらせてこんかい! 本当にぐず男だな!」

と、平気で罵《のの》る。

(ちなみに、この言葉は留守電に入っていたため、良夫さんが保存していました。私も聞かせてもらいましたが、凄《すさ》まじい口調に驚きました)

ということで、妻を相手に離婚訴訟を起こしました。

子どもの親権等は離婚後に考えたいという良夫さんの希望で、こちらからの要求は「離婚す

ること」一本に絞りました。

ほどなく妻側にも弁護士が付き、答弁書や準備書面など、書類のやりとりをしました。

妻側の主張は、以下のようなものでした。

・暴言や暴力など絶対に振るっていない。
・夫は男性ホルモンが少ないのか、夜の夫婦生活はほとんどない。
・子どもは体外受精で生まれた。
・夫は何をやるにも要領を得ず、はっきり言って不出来な人だ。
・生活費を支払ってはくれるが、妻に相談なく勝手に出ていって別居に至った。
・妻側に非はなく、離婚させられる筋合いはない。
・離婚を前提とした和解には、絶対に応じない。

私は、妻側の主張を読んで、勝訴を確信しました。

自分に非はないと主張していますが、妻側が言っていることのほとんどは、夫に対する非難です。夫だけでなく、妻も夫に対して大きな不満を持っているのなら、裁判所も離婚自体は認めるでしょう。

センスのいい服に身を包んだ、か弱い女性

楽勝、楽勝、と思いながら、夫と妻に双方の弁護士から質問する本人尋問の日が来ました。初めて妻を見た私は、いささかびっくり！　凄い鬼嫁を想像していたのですが、センスのいい服に身を包んだ、いかにも〝か弱い〟感じの女性だったからです。

外見に惑わされてなるものか！　とばかりに、妻に対する反対尋問を行いました（妻側の弁護士が妻に対して行うのが「主尋問」、相手方の私が妻に行うのが「反対尋問」です）。

「あなたは、毎日のように良夫さんに『ぐず！』などと言っていたそうですね？」

「とんでもございません。そんなこと一度もありませんわ」

「（録音された声をダビングして提出した証拠を示し）この声はあなたの声ですよね」

「さあ、記憶にございませんわ」

うっ！……たしかに携帯電話の録音では声の認識ができない……（当時の携帯電話の性能ではそうでした）。

「あなた以外に誰だというのですか？」

「それは、わたくしが聞きたいですわ」

「あなたは、お書きになった陳述書や弁護士さんに書いてもらった書面で、良夫さんをひどく非難していますよね。そんなに嫌いな良夫さんとどうして離婚したくないのですか？」

「わたくし、主人が嫌いだとは言っておりません。ただ、要領の悪いところが随所にございまして……それを指摘しただけですわ」

こんな感じで、反対尋問はまさに「暖簾《のれん》に腕押し」。

これほどの敗北感と虚無感を味わったのは、後にも先にもこのときだけでした。

彼女を見ていて私が感じたのは、彼女は、良夫さんを一種の隷《しもべ》として置いておきたかった、便利な隷がいなくなると困るから離婚しないのだ、ということでした。

それでも、互いに非難し合っている夫婦を、裁判所が離婚させないということはないだろうと、私は楽観的に判決を待っていました。

ところが、下された判決は、

「原告の請求を棄却する」

すなわち、離婚は認めないということ。こちら側の全面敗訴でした。

冗談じゃない！　とばかりに、即刻控訴しました。

控訴審では、裁判官が、

「判決となると離婚はやむをえないでしょう。財産関係や親権についても、この場で決めてしまいませんか」

と、強く相手を説得してくれたため、子どもの親権は妻、夫は妻に相応の財産分与をする、ということでようやく離婚が成立しました。

鬼嫁から解放された良夫さん。

相も変わらず弱々しい声で「うれしいです」と言ってくれました。

⑥父親だって親権を主張したい

育児も家事もすべてやってきた川内くん

知人の紹介で川内くんという20代の若い男性が、事務所を訪れました。

川内くん自身の離婚の相談ということでした。

「離婚のご相談とうかがっていますが、どうなさいました？」

「実は、家内が幼い子どもを連れて実家に戻ったまま帰らなくなりまして……」

「お子さんは、おいくつですか？」

「1歳になったばかりです。それで、なかなか帰ってこないので実家に何度も連絡したのですが、どうやら居留守を使われているようでした。そうこうしているうちに、離婚調停の申立書が届きました」

「調停では、なぜ奥さんが離婚したがっているのか聞きましたか？」

「それが、よくわからないのです」

「わからない？　調停委員から何の説明もなかったのですか？」

「はあ、ともかく離婚したいの一点張りでして」

どうも腑に落ちないなあ。

調停委員だって、奥さんに離婚したい理由は尋ねているはずです。

川内くんがショックを受けるような理由であっても、表現を穏やかにして伝えるのが普通でしょう。

もしかしたら、本当に、奥さんは調停委員に理由を言わなかったのだろうか？

「それで調停が成立せず、訴訟を起こされたのですか？」

「ええ、これが裁判所から送られてきました」

と言って、川内くんは、訴状と呼出状を私に見せてくれました。

訴状を見ても、一言で言ってしまえば「性格の不一致」のようなことが延々と書かれているだけで、決定的な離婚理由は書かれていませんでした。

私は、川内くんに尋ねました。

「ご自身で何か思い当たるようなことはありませんか？」

「それがまったく思い当たらないのです。自分で言うのも何ですが、安定した会社で真面目に働いていますし、家にも毎日きちんと帰っています。ギャンブルや酒はもちろん、タバコも吸いません。家内に対して暴力はおろか暴言を吐いたこともありませんし、炊事、掃除、育児など、私がいる間は全部私がやっていました」

「炊事、掃除、育児、全部やっていたのですか？」

「はい、家内は何もやらずに放っておくようなタイプでしたので、私が帰宅してから、掃除をし、食事を作り、洗濯をし、子どもにミルクをあげてお風呂に入れて、ともかく家内が放っておいたことは全部私がやっていました」

「す、すごいですね〜。それを毎日？」

「ええ、ほとんど毎日です。家内が実家に帰っている間も、掃除や洗濯はしていました」

これは、もしかすると、妻の男性関係が原因かもしれないな？

そうだとすれば、明確な離婚理由を書けないのもうなずけます。

「奥さんが、他の男性と親しくなっていたというようなことはありませんか？　たとえば、着飾って出ていくことが多くなったとか、服装の好みが変わったとか、ささいなことでもかまいませんから」

「いや〜、思い当たりません。勤務中は、家内が何をやっているのかわかりませんし、家に帰れば、家事、育児に精一杯でしたから」

「わかりました。ところで、川内さんが離婚を断固拒絶する理由はいったい何なのですか？」

「子どもです」

「お子さん？　1歳のお子さんですか？」

「ええ、子どもは、家内よりもずっとずっと私の方が面倒を見てきたのです。もちろん、勤務中は面倒を見れませんが、幸いにして残業のない会社で有休もしっかり取れます。おむつを買いに行ったり、ミルクを作ったり飲ませたり、あ、家内は母乳をあげるのを嫌がりましてね。それ以外にも、できる限り面倒を見てきました。子どもにかけた労力と時間は、絶対に家内に負けない自信があります。もちろん愛情も」

川内くんは、今風に言えば「イクメン」そのもの、いや、それ以上だったように思えます。それにしても、1歳の幼子の親権を父親が取ろうなどというのは、まさに無謀そのものです。万一、奥さんが他の男性に惹《ひ》かれたのが原因であれば、川内くんに親権を譲るということもあるかもしれませんが、その可能性もほとんどなさそうです。

「わかりました。これは完全に負け戦です。1歳の幼子で現在母が養育している場合、まず間違いなく裁判所は親権者を母と指定します。それでも戦うのであれば、承りましょう」

「お願いします。無理だとわかっていても、このまま子どもを手放すことなんて、私には到底できません」

私は川内くんの依頼を引き受けることにしました。

やっぱり残念な結果に

第1回口頭弁論、すなわち初回の裁判のあと、裁判官が、

「双方代理人、他の弁論が終わったら裁判官室まで来てください」

と言うので、しばらくして裁判官室で、相手方弁護士と私と裁判官の3人で話し合いをすることになりました（もちろん、書記官は同席しています）。

「どうやら、この事件は、父親が子どもの面倒を主に見てきたという珍しいケースのようですね。そこで提案があるのですが、家裁調査官に双方の状況を調査してもらって、調査官の結論を重視するという方向ではいかがでしょう？」

私としては、とことん調査してもらうことには大賛成でした。

相手方弁護士も余裕なのか、「別にそれでもけっこうですよ」とのことで、ボールは調査官に投げられました。

私は川内くんにその旨を伝えました。

「ありのままますべてを出せばいいですからね。ただし、何度も言いますが、今現在、お子さんが奥さんのもとにいることも考えると、過大な期待は禁物ですよ」

「はい、すべてを調査官の人に知ってもらい、理解してもらえるよう頑張ります」

自分の献身的な努力と子どもへの愛情を知ってもらう機会を持てたことで、川内くんはとて

もうれしそうでした。

1カ月半ぐらい過ぎた頃でしょうか。

その裁判所で扱っていた別の事件がありましたので、その事件の様子と、川内くんの事件の調査報告書ができているかどうか、書記官の女性に電話で尋ねました。

「あ、弁護士の荘司ですが……」

と言うと、とても明るい声で、

「ああ、先生、こんにちは。例の事件は先生の勝訴です。それと、家裁調査官の報告書も先日上がってきました。これは、残念な結果です」

と、結果まで教えてくれました。

彼女は優秀な書記官ですが、誰かが私の名前をかたって電話してくることもありえないわけではないのに、そんなにペラペラと話して大丈夫なのだろうか……。いずれにしても、川内くんには残念な結果となりました。

川内くんに報告すると、「そうですか……。悔いはありません」と言うものの、落胆は隠せない様子でした。

その後、養育費と面接交渉について定め、和解（調停）が成立しました。

まさに「男はつらいよ」ですね……川内くん。

⑦愛し合っているのに別れるしかないという理不尽

夫を愛しているのに離婚したい妻

私が弁護士になりたてで事務所を開いたばかり、まだとても暇だった頃のことです。

知人の弁護士さんが、「自分は立場上受けることができない事件」ということで紹介してくれた男性、木村さんが事務所を訪れました。

歌手の吉幾三を少しキリリとさせたような顔の木村さんは、妻から離婚訴訟を起こされたのです。

「ということは、調停は不成立だったのですね」

私が尋ねると、

「ええ、私は今でも妻を愛しています。調停で離婚に応じるつもりはありませんでした」

木村さんは、視線を下に落として絞り出すような声で答えました。

「奥さんの離婚意思が固いということで、調停不成立となったわけですか……」

「でも、先生。妻も、私を愛してくれていると思うのです。私の母との同居にどうしても耐えられなかったのです。母は、心臓に病があって、いつ発作が起こるかわからないので、一人にしてはおけないのです」

「奥さんが、いまだに木村さんを愛しているというのは、奥さんご本人の口から聞かれたのですか?」

私がそう尋ねると、木村さんは持っていたセカンドバッグから手紙らしきものを出して、私に見せてくれました。

「一昨日、届いたものです」

「拝見します」

と言って、私は手紙の内容に目を通しました。

手紙の内容は、おおむね次のようなものでした。

「私のあなたへの愛情は、結婚したときからみじんも変わっていません。いえ、結婚してからの方が、あなたの優しさがしみじみと伝わってきて、今の方が、もっともっと、愛しています。すべては、私が至らなかったのです。本当にごめんなさい。ごめんなさい。武にとっては、これからもいいお父さんでいてくださいね。そして、こんなことまでしてしまったのに、わがままだとは承知してますが、たまには私とも会ってくださいね」

私は、この手紙を読んで、何とも言いようのない悲しみを覚えました。

いかなる理由があるとしても、愛し合っている夫婦が別れなければならないのだろうか？

幼い子ども（武くん）は、将来どう思うのだろうか？

木村さんは苦渋の表情を崩さず、涙をこらえているようでした。

「奥さんとお母さんの仲はそんなに悪かったのですか？」

「女同士のことは、私のような不器用な人間にはよくわかりませんでした。表立って口論することはありませんでしたし、どちらも私に不平不満を漏らすこともありませんでした。私がもうちょっと、二人の関係に気を配っていたらと、後悔してもしきれない気持ちです」

「わかりました。ともかく応訴しましょう。裁判所から届いた訴状や呼出状はお持ちですか？」

「はい、ここに」

と言って、木村さんは、裁判所の封筒ごと私に預けてくれました。

私に弁護を依頼するという委任状に署名・捺印《なついん》をしてもらい、私は早速、相手方からの訴状に対するこちらの主張を伝える答弁書の作成にかかりました。

息子に父親の誠意を見せておきたい

裁判では、どうしても離婚したいという妻と、離婚はしたくないという木村さんの態度が固かったため、双方に対する本人尋問を行うことになりました。

本人尋問までの間、私は何度となく木村さんと面談し、

「今の離婚訴訟は破綻主義が主流であり、一方がどうしても離婚したいと主張し、絶対に元には戻らないという場合は、いたずらに戸籍だけで夫婦関係をつなげておくことはしなくなっています」

ということなどを話しました。

木村さんは、

「先生のおっしゃる裁判所の傾向というものはよくわかります。でも、一人息子の武に、私が簡単にお前を手放したわけではないということを、先々わかってもらいたいのです。できるだけのことはやっておきたいのです。父親として、家庭を守るために全力を尽くしたということを残しておきたいのです」

と、訴えました。

「木村さんのお気持ちはよくわかりました。私も全力で戦います」

と、私も気持ちを固めました。

私は、木村さんと会うたびに、人柄が素晴らしく、優しい心根を持った人物だということを実感するようになりました。

迎えた本人尋問の日。

尋問では、私も相手方弁護士も、相手本人に大きな非がないことを承知していたためか、いずれも淡々と終わりました。

双方本人尋問が終わり、裁判官が和解の勧告をしました。

私は木村さんと相談し、和解のテーブルに着くことにしました。

想定してはいましたが、離婚で合意、幼い武くんの親権は母親に、養育費は月3万円、慰謝料等はなし、ということで、和解が成立しました。

慰謝料等の支払いを請求してこなかったのは、おそらく奥さん本人の意向だろうと、私は思いました。

本人尋問で思いのたけをはき出した木村さんは、すべてが終わったあとは意外にさばさばした感じでした。

「前向きに生きていこうと思います。裁判まで行きましたが、それがきっかけで先生と知り合えてとてもよかったです」

涙が出そうなことを言ってくれた木村さんに、ただただ幸《さち》多かれと祈るばかりでした。

⑧やりきれない「離婚格差」

収入格差はどこまでもつきまとう

離婚調停、離婚訴訟……たくさん担当してきました。

その中で、忘れられない一日があります。

午前も午後も離婚調停が入っており、それぞれまったく別件でした。

午前の調停は若い夫婦（勤め人の共稼ぎ）の離婚事件で、午後の調停は中年夫婦（夫は開業医、妻は専業主婦）の離婚事件でした。

午前の調停では、幼い一人娘の養育費を月いくらにするかでもめて、3万と5万の攻防の末、結果的に月4万円で落ち着きました。

午後の調停では、慰謝料と財産分与（両方合わせて離婚給付とも言います）をいくらにするかが最後の争点となり、1000万、2000万単位の攻防の末、5000万円で落ち着きました。

同じ日の午前と午後で、あまりに金額の桁《けた》が違うことに、正直言って何ともやりきれない気持ちになったものです。

おそらく、午前の調停の共稼ぎの妻の方が、午後の調停の専業主婦よりも、はるかに多忙な毎日だったはずです。

養育費と離婚給付の違いはありますが、午後の調停で既に決まっていた養育費は月数十万円だったと記憶しています。

結婚相手の収入は、離婚に際しても大きな影響を及ぼすものです。

お金持ちと結婚すれば、離婚することになっても慰謝料や養育費をふんだんにもらえ、「愛さえあれば」と言って収入の少ない人と結婚してしまうと、離婚してもお金に困ることになります。格差は最後までつきまとうのだな〜と、つくづく考えさせられました。

コラム　自分で自分の身を守る知恵

妻が離婚を決意したら、まず覆《くつがえ》りません

離婚問題で、裁判所に持ちこんでまで争うケースは、若い夫婦の場合は子の親権と養育費をめぐる争い、年配夫婦の場合は慰謝料・財産分与などの離婚給付をめぐる争いが際立っています。逆に言ってしまえば、子どももお金もない夫婦は、（幸か不幸か）もめる材料がありません。

子どもの問題に関しては、一方もしくは双方の親が介入してくるケースが多々あります。「大事な孫をあんな女に任せられない」という気持ちを抱くお舅《しゅうと》・姑《しゅうとめ》さんたちがたくさんいて、息子や娘が親の代理戦争をしてしまうのです。

子どもが幼い場合は、母親側の経済状況が悪くない限り、ほぼ母親が親権者に指定されること、養育費は客観的な算定基準で決められることを祖父母に説明して、無益な争いを未然に防ぐことが大切でしょう。いたずらに紛争が長引くと、夫婦だけでなく子どもの健全な成育にもダメージが生じるということを、決して忘れないでくださいね。

一方、年配夫婦の財産分与については、（預貯金のように）金額が明確でない不動産の価格について意見が対立することがあります。裁判所に持ちこんで鑑定を申し立てるとお金がかかりますし、裁判所の委託する不動産鑑定とて決して正確なものではありません（そもそも不動産の客観的価格は確定しようがなく、鑑定士が100人いれば100とおりの結果が出ると言っても過言ではありません）。夫婦双方がそれぞれ

近所の不動産業者に値段を見積もってもらって、双方の中間値くらいで折り合う方が、はるかに費用は安く済み、早期解決が見こめます。

離婚そのものについては、妻が離婚を決意したらまず覆らないと夫は覚悟をした方がいいでしょう。相談も含めれば、私は何百件という離婚事案に接してきましたが、離婚意思を翻《ひるがえ》した妻は一人もいませんでした(翻した夫はたくさんいます)。

「ウチの女房に限って」などと高をくくっていると、大変なことになります。給料をすべて妻に渡して、蓄えがどのぐらいあり、どの銀行にいくら預けているのかさえ知らない夫が大勢いることには、驚愕させられます。妻から離婚を宣告されて慌てて弁護士の事務所に駆けこんでも、相手の手中に入ったお金を取り戻すことはほぼ不可能と覚悟しておいた方がいいでしょう。

離婚訴訟の帰結は、よほどのことがない限り、当初の予想と大幅に変わることはありません。普通に手続を進めていけば、調停からスタートしても1年以内に終結するのがほとんどですし、当初の予想から大きくかけ離れた結果になることも滅多にありません(不慣れな弁護士に依頼して、先が見えぬまま2、3年かかったという悲惨な話もたまには耳にしますが……)。

1年程度であっても、離婚事件は人格非難の応酬になりますので、争っている間の精神的ストレスは大変なものです。心身の健康という点からも、無難な「落としどころ」で早期解決を図ることを強くお勧めします。

第2章 不倫

⑨不倫女性が繰り出した「強姦の抗弁」とは

ベッドの上で何をしていたのですか？

夫や妻の不倫相手に対して慰謝料請求をすると、多くの場合、不倫自体は認めるので、あとは慰謝料の金額の交渉になります。

たまに訴訟になるときに、決まって出されるのは「破綻《はたん》の抗弁」です。

つまり、不貞行為（不倫）は、夫婦関係が既に破綻してしまったあとのことなので、不貞行為によって家庭の平穏は害されておらず、損害は発生していない、ゆえに慰謝料を支払う義務はない、というものです。

たまに、驚くような抗弁が出てくることがあります。

こんなケースがありました。「強姦の抗弁」とでもしておきましょう。

つまり、自分は原告である妻の夫から強姦されたのであって、いわゆる不倫関係ではない、被害者である自分には慰謝料を支払う義務などない、というものです。

「こんなのあり？」と思いながらも、裁判で争ってきた以上、仕方がありません。強姦されたと主張する被告の女性に、私が尋問（反対尋問）をしました。

「あなたは強姦されたと言いますが、暴力を振るわれたり脅されたりしたのですか？」

「いいえ」

「場所はあなたのアパートで、彼と関係を持ったのはあなたのベッドの中でしょう？」

「はい」

「無理やりベッドに連れこまれたのですか？」

「いいえ。でもベッドの上で私は押し倒されたのです」

「押し倒される前、ベッドの上であなたたちは何をしていたのですか？」

「…………」

「答えたくなければけっこうです。ところで、あなた自身で自分の衣服を脱いだのではありませんか？」

「いいえ、脱がされました」

「衣服がちぎれたり、伸びてしまって使い物にならなくなったりはしましたか？」

「いいえ」

「関係を持つ前でも後でもかまいません。あなたは擦り傷か何か怪我を負いましたか？」

「いいえ」

「では、抵抗はしなかったのですか？」

「心の中では抵抗がありました。しかし、手足で抵抗することはありませんでした」

「お酒や薬を飲まされた覚えはありますか？」

「ありません」

「意識はしっかりしていたのですか？」

「はい」

「つまり、あなたと彼は、あなたの部屋のベッドで、あなたが物理的な抵抗をすることもなく、関係を持ったということですね」

「そういうことになります。でも、私は彼を愛してはいなかったのです」

「その翌日、会社で同僚である彼と顔を合わせていますね」

「ええ」

「彼はあなたの同僚であって、上司でも先輩でもありませんよね」

「はい。でも、恋人とか、そういう仲ではありませんでした」

「大変失礼ですが、あなたの男性経験は何人くらいですか？」

「……人並みです。何人かは答えたくありません」

「確認ですが、あなたは、今まで強姦されたということで警察等には行っていませんね」

「はい。仕事が忙しかったので……」

「毎日普通に出勤した？」

「はい」

「反対尋問を終わります」

私は彼女の正直さに敬服すると同時に、このような訴訟に持ちこんできた相手方の弁護士の人間性を疑いました。

あくまで私の個人的印象ですが、人口が多い都市で法律事務所をやっている弁護士の中には、とんでもない輩《やから》が少なくありません。悪評が伝わりにくいからです。

彼女とその家族は、「慰謝料を払わなくて済む方法がある」とそそのかされ、この悪徳弁護士の言うままになって、法廷闘争に進んでしまったのではないでしょうか。

すぐに裁判、という弁護士は要注意です。

⑩とにもかくにも「真実を認めなかった者」勝ち

愛する私の言葉を信じてくれないなんて

フランスのエスプリに、次のようなものがあります。

夫が帰宅すると、妻はベッドの上で夫が知らない男とSEXをしている真っ最中でした。

怒り狂った夫が妻に対して、

「ぼくというう夫がいながら浮気をするなんて、許せない！」

と言うと、妻は、

「私は浮気なんてしてないわ」

と平然と答えます。

「じゃあ、ぼくの目の前で君がやっていたことは何なんだ！」

夫がますます怒り狂うと、妻は悲しそうな声でつぶやきました。

「あなたって……ひどい夫。だって、愛する私の言葉より、自分の目の方を信じるんですもの」

実は、これと同じようなことが実際にあったのです。

絶対認めない妻、簡単に白状する夫

妻との離婚問題がこじれているという男性の依頼を受けたときのことです。

夫は、妻が他の男性とラブホテルに入ったときの写真、滞在した時間、日時などを詳細にまとめた興信所のレポートを持っていました。

一読するだけで、妻が不倫をしていたことは明白です。

「こんな明白な証拠があれば、奥さんとの離婚はスムーズに運ぶでしょう」

と私が言うと、夫は少し申し訳なさそうな声でこう言いました。

「今さらという気はするのですが、私には、自分がこそこそと興信所に依頼したことを、妻の目の前でぶちまける勇気がありません。ですから、先生にこのレポートをお預けしますので、私に代わって妻と離婚交渉をしてもらえませんか？」

かくなる次第で、私は夫の代理人に就任し、妻と交渉することになりました。

妻は看護師さんをしていて安定収入があり、子どもはなく、夫婦の協力で築いた財産（たとえば持ち家）もないので、離婚だけなら弁護士としては楽勝案件です。

「弁護士費用をドブに捨ててもかまわないというくらいの気持ちがおありなら、承ります」

という、いつもの念押しをして、

「当職が夫の代理人になりました。今後のご連絡等はすべて当職宛お願い申し上げます」

という趣旨の受任通知を、妻に対して送りました。

数日後、妻から事務所に電話があり、私と二人だけで会うことになりました。

「奥さん。ご主人は離婚を望んでいるだけなのです。お互い安定収入があるのですから、ここはきれいに別れていただけませんか？」

と、興信所のレポートのことは伏せて、私は妻を説得しようとしました。

「私、夫に慰謝料を払ってもらいたいのです。最低でも300万円はいただきたいと思っています」

「ご主人は、あなたに暴力を振るったり、暴言を吐いたり、それ以外に、ギャンブルや酒、はたまた女性に溺《おぼ》れたりしたのですか？」

「いいえ。おとなしい人でした。でも先生、離婚するときに、夫が妻に慰謝料を支払うのは常識じゃないですか？」

「よく雑誌に出ている芸能人の離婚記事などでは、何千万円の慰謝料を夫が支払ったというふうに書かれていますよね。しかし、ああいうのは特殊な例なのです。現実に裁判になっても、ご夫婦の現状を斟酌しますと、裁判所はご主人に対して慰謝料の支払いを命じることはないと思います」

「先生は夫の代理人ですからね。私、出るところに出て公平な判断を仰ぎたいと思います」

私は椅子から立ち上がろうとする妻を制しながら、興信所のレポートを彼女の前に置きました。

「これをご覧ください。調停、訴訟になったら、不貞行為（不倫）をしたあなたの方が慰謝料を支払わなければならないのですよ」

興信所のレポートを一読すると、妻はいきなりベソをかき、涙声で話し始めました。

「興信所を使うなんて……本当にひどい夫です……。私のことを以前から信じていなかったのですよね……。私、決して浮気なんてしてません。足をくじいてしまって困っているところを、たまたま通りかかったこの男性が、ホテルで手当てしてくれただけなのです」

それにしては滞在時間が長すぎる、などと追及しようと一瞬思いましたが、諦めてその日の話し合いは〝お流れ〟とすることにしました。

彼女相手にどのような追及をしても、あの手この手で言い逃れをして、絶対に真実を認めることはないと確信したからです。

やむをえず調停に持ちこみ離婚が成立しましたが、妻は最後まで不倫の事実を認めませんでした。

それに比べると、一般に夫というものは、簡単に浮気を白状してしまいます。

白状ついでに妻に全面降伏して、浮気相手の女性に対する妻からの慰謝料請求に協力するという、実に情けない夫もいます。

弁護士をやっていて、私がつくづく思うことは、夫は腕力では妻に勝りますが、駆け引きや交渉という知力では、妻の方が夫よりはるかに上だということです。

恥ずかしながら、私が担当した数多い離婚訴訟の中で、妻から現実に金銭を回収できたことは一度もありません。

裁判所から「支払え」という確定判決を勝ち得ながら、強制執行すらできないようにされてしまったことも何度もあります。

話はコロリと変わりますが、最近、先進国で女性の重用が盛んになりつつあります。

お隣の韓国の朴《パク》大統領も、ドイツのメルケル首相も女性です。アメリカのFRB（連邦準備制度理事会）議長も女性です。

GM（ゼネラル・モーターズ）をはじめ、世界的大企業のCEOにも女性が就いています。

私は、このような流れに大賛成です。

女性には、男性が逆立ちしてもかなわない知力と胆力と交渉力があります。それを発揮できる分野はたくさんあると確信しています。
そのことに一番気づいていないのは、実は日本の男性なのではないでしょうか？

⑪浮気された夫の苦しみは癒えることがない

慰謝料250万円で円満和解

奥さんが浮気しているということで、末次さんが相談に来られました。

「奥さんが浮気しているということですが、何か証拠でもあるのですか？」

私の問いかけに、末次さんはしばらくの間目を伏せたままでしたが、

「家内から……直接聞いたのです」

と、息をはき出すように苦しげに言いました。

「どのような状況で聞かれたのですか？」

「家内とは結婚して1年半なのですが、この間、ちょっとしたことで諍いになり、家内が、あなたなんかには私の気持ちなんてわからないわ、と言ったのです」

「奥さんが、末次さんには奥さんの気持ちがわからないと？」

「ええ、結婚当初から、私には家内の気持ちがわかっていない、というようなことも言われま

した」

「それが、どうして奥さんの浮気に結びつくのですか？」

「それじゃあ、お前の気持ちをわかってくれる人はいるのかと尋ねたところ、ええいるわよ、と答えたのです」

「気持ちをわかってくれる人がいると」

「それで、その男と寝たのかと尋ねると、そんなの当然よ、とまったく否定しませんでした」

私は、末次さんの話を聞いていて、夫婦喧嘩での〝売り言葉に買い言葉〟にすぎないのではないかと思いました。

「それで、相手の男性の名前までわかったのですか？」

「家内は、△△という優良企業の事務員として働いているのですが、そこの上司の山村という男だそうです」

「本当ですか〜？　口喧嘩がこうじて、あなたを苦しめてやろうと思って、奥さんがいいかげんなことを言ったということは考えられませんか？」

「最初はそのように考えたこともありました。しかし、後日、冷静になって夫婦で話し合ったときに確認したら、間違いない、という返答でした」

ずいぶん、あっさりと認めてしまう奥さんで、私はいささか驚いてしまいました。

末次さんとしては、奥さんが〝改心〟して浮気を止めてくれれば、夫婦関係の維持に努めたいという意向を持っていました。

そこで、私は末次さんの慰謝料請求事件を引き受け、山村氏に対して慰謝料500万円の支払いと、今後奥さんとの交際を止めることを求める内容証明を送りました。

約1週間後、△△社の顧問弁護士から電話が入り、

「山村本人は事実関係を認めています。ただ、先生もご承知のとおり、このような案件では慰謝料額は200万円が相当でしょう。本件については一切口外しない、という条項を入れていただくことで50万円上乗せして、250万円でご納得いただけませんか？」

「金額的な説得は可能だと思います。ただ、当方本人は夫婦関係の修復を考えていますので、山村氏と当方の妻の部署を別にすることと、今後一切いかなる手段であろうとも交際はしない、という条項も入れていただきたいのですが」

「それはお約束します。では、その線でご検討ください」

という会話が交わされました。

早速、末次さんに来てもらって事情を話すと、

「250万円というのは私にとっては信じられないような大金です。先生との弁護委任契約によりますと、成功報酬が取得金額の10％と消費税と書かれていたので、着手金と実費を合計し

ても、私には190万円以上のお金が入る、ということですか?」

「はい。金額的には間違いありません。現金で直接お渡しすることも可能です」

末次さんは、信じられないという顔をして、事前に用意してあった和解契約書に署名・捺印しました。

後日、190万円超の現金をお渡ししたときは、大変喜んで大事に持ち帰りました。

あいつがのうのうと生活していくのが許せない

ところがです、それから半月くらい経ってからでしょうか。

末次さんが事務所にやってきて、

「先生。私はどうしても納得できないのです」

と、興奮した様子で訴えてきました。

「金額面で不足だということですか?」

私が尋ねると、

「いいえ。金額は大変な大金だと思います。でも、これで山村がのうのうと生活していくのか
と思うと、私は耐えられないのです」

と、顔を真っ赤にして怒りをあらわにしました。

「では、末次さんとしては、どうなさりたいのですか？」

「はっきり申し上げます。山村に社会的制裁を加えたいのです」

「具体的には？」

「山村の会社の前で山村のやったことを告発するビラをまいたり、ネット上で明らかにして、彼の社会的生命を奪ってやりたいのです」

私は、非常に興奮した末次さんの様子に驚きました。

ともかくその後も、山村氏に対する怒りの言葉は止まりませんでしたが、私は聞き役に徹して〝ガス抜き〟をしました。

(ちなみに、〝ガス抜き〟というのは、溜《た》まった毒ガスを抜くことで、相手の怒りや意見をしっかり聞いて、怒りなどの感情を精一杯はき出させることの比喩です)

ひととおりしゃべりきった頃を見はからい、私は穏やかな口調で末次さんを諭しました。

「末次さん、それは和解契約に反しますよ。その上、場合によっては名誉毀損《きそん》で刑事事件になるかもしれません」

「でも、私は気が済まないのです！　断固として行動に移します」

「それは絶対に止めてください。あなたにとって得るものは何もありませんよ」

「嫌です。これで済ませるわけにはいきません！　和解はつつがなく終了したのですから」

「お気持ちはわかりますが、私としては契約を破ることや、違法行為をすることを容認するわけにはいきません。何とか自重してください」

「納得できません！」

「どうしてもですか？」

「どうしてもです」

「それなら、あなたご自身の責任でやってください。申し訳ありませんが、私としては精一杯あなたを説得したという証拠をいただきます」

そう言って、私は執務机に戻って、

「私は、○年△月×日、荘司弁護士に山村某との和解を守るよう、これ以上関わらないよう強く説得されました」

という趣旨の文書を作成し、末次さんに見せました。

「あなたが私の制止を振り切ってでも無茶な行動をするというなら、恐縮ですがこの書面に署名・捺印をしてください。私が煽《あお》ったように受け取られでもしたら、私自身の責任問題になりますから」

「そうですか。先生は、私がこんなに苦しんでいるのに、突き放すのですか？」

「何とでもおっしゃってください。私は弁護士です。和解契約を守るよう、自らの依頼者を説得する義務があります」

末次さんは、私の作成した書面に黙って署名・捺印して、足早に事務所を出ていきました。

その後、どうなったのかはわかりませんが、某社でトラブルが起こったという話は伝わってきませんでした。

もしかしたら、私が書面まで作って〝突き放した〟ことで、末次さんは不安になって自重したのかもしれません。

それとも、何らかの行動はとったものの、大事には至らなかったのかもしれません。

末次さんのケースは、決して特別なものではありません。

妻に浮気された男性の中には、「相手の社会的生命を抹殺してやる」とか、「会社にいられなくしてやる」という過激な発言をする人が、決して少なくないのです。

夫ある女性と浮気をしている男性諸氏、これからしようと思っている男性諸氏のみなさん、止めろとは言いませんが、決してバレないようにくれぐれもお気を付けくださいね。

コラム　自分で自分の身を守る知恵

実はこじれることが少ない不倫問題

不倫問題は、多くの人々の予想に反して、こじれることの少ない問題です。弁護士が代理人になって配偶者の不倫相手に慰謝料請求をすれば、8割方は不倫を素直に認め、可能な範囲で慰謝料を支払い、配偶者との関係も切れるものです。

そういう意味では、俗に言う「別れさせ屋」に頼むより、弁護士に慰謝料請求を依頼した方が、別れさせるだけでなく慰謝料も取れるという点で有益かもしれません。おそらく、費用も弁護士の方が安いでしょう。

もっとも、相手がどこの誰とも特定できないと手の打ちようがありませんし、たとえ相手が特定できても、支払い能力がなければ現実に慰謝料を取り立てることはできません。差し押さえることのできる財産（不動産や給与）をまったく有しない相手に対しては、裁判で勝訴判決をもらっても手も足も出せないのです。

これは、すべての民事事件の限界として必ず念頭に置いておきたいことのひとつです。

相手の支払い能力に不安があるときや弁護士費用が惜しい場合は、自分自身で手続をしてみてはいかがでしょう?

夫や妻の不倫相手に対して本人が内容証明を出したり、最寄りの裁判所で調停申立をして慰謝料を請求したりすることもできます。内容証明の文面は書籍やネットに掲載されていますし、調停の手続は裁判所の窓口で教えてくれます。

慰謝料の相場はおおむね200万円くらいなので

（もちろん事案によって増減はあります）、それを念頭に置きながら交渉すればいいでしょう。相手の資力に不安があるような場合は１００万～１５０万円くらいで折り合うケースもあります。相手が公務員のような手堅い職業でない場合は、分割払いの２００万円よりも１５０万円の一括を選ぶ方が安全かもしれません。

日頃から心がけることとしては、自身が不倫をせず配偶者にも不倫の機会を与えなければいい……これは当たり前すぎて言うまでもありませんね（笑）。

もし、図らずもあなたが不倫をしてしまったら、絶対に証拠を残さないようにしましょう。配偶者は、あなたのスマホのメールや写真はもちろん、財布の中身から車のトランクまで調べ尽くすことを覚悟してください。

「バレなければなかったことと同じ」と開き直るのは道義的にいかがかと思いますが、証拠がなければ裁判になっても負けることはありません。

何より、配偶者の身になれば、不愉快な事実を知らずに平穏に暮らした方が幸福な人生だということもひとつの真理でありましょう。よく、「女は不倫を墓場まで持っていく」と言われますが、これは女性の優しさを表現していると言えなくもありません。

余談ながら、配偶者より外の異性の方が輝いて見えるのは一般的なようです。夫のだらしない姿や妻のスッピンが全部見えてしまう配偶者と、キレイな外面だけしか見えない他の異性を、同じ土俵で観察するのはあまりにも不公平でありましょう。

とはいえ、不倫は離婚の原因にもなります。家族に捨てられてもかまわないという覚悟がないのであれば……最低限、バレないようにしてくださいね。

第3章 DV・セクハラ・モラハラ

⑫DV妻は本当にいた！

妻の暴力に耐えかね実家に逃げ帰る

DV（Domestic Violence 家庭内暴力）を行う夫が増加しているようです。

特に、被害にあいやすいのが子ども。

児童虐待の大きな原因として、虐待の世代間連鎖という説が有力です。児童虐待の被害者になった経験のある人々のうち、3割は無条件で児童虐待の加害者になり、さらに3割はストレスが溜まるなどの条件が重なると児童虐待をしてしまう、というアメリカの統計があります。

児童虐待は父親だけでなく母親も行いますが、妻から夫に対する物理的暴力というのはあまり耳にしません。物理的に、男性の方が力が強いという事情があるからかもしれません。

しかし、私がかつて担当した事件では、妻から夫への暴力が問題となりました。

相談者は、背も高く体重も相当ありそうな男性で、ちょっと相撲でもしたら、とてもかなわないような体格の持ち主でした。

彼が言うには、妻の殴る蹴るの暴力に毎日のように苦しめられ、ついには実家に逃げ帰ったとのこと。離婚を望んでいるが、とてもじゃないが妻と話をする勇気がないそうです。

その男性の代理人として離婚事件を引き受けた私は、妻に対して次のような内容証明を送りました。

「当職が夫の代理人となり離婚の手続を進めることになりました。ついては、夫との直接交渉は控えていただきたい」

「もう離婚は諦めます」

その内容証明が到達するや、妻から私宛に電話が入り、

「あの卑怯者《ひきょうもの》！　弁護士に依頼するとは！　あなたが何と言おうと私は彼をとっちめますからね！」

と有無を言わせず、一方的に切ってしまいました。

危険を感じた私は、夫に連絡し、「もしかしたら奥さんがやってくるかもしれないので、鍵をかけて決して会わないようにしてください」と注意を促しました。

しばらく経つと夫から電話があり、「先生！　妻が家の前まで来ています！　ああ！　ガラスを割って入ってきた！　助けて〜」という悲痛な叫び。

私は、大急ぎで夫の実家に車を飛ばしましたが、着いたときには、時既に遅し。夫の姿も妻の姿もなく、割れたガラスと荒れた室内だけが残っていました。

それから3日後、夫が私の事務所に現れ、「先生、もういいです。離婚は諦めます」と、傷だらけの顔で言うではありませんか。断固たる法的措置で離婚まで守り抜くと説得したのですが、「きっと離婚しても同じですから……」と言って、私の説得に耳を貸そうとしませんでした。

依頼者が体格のいい男性だったことから、まさかそこまで妻に屈することはあるまいと、私の心に隙ができていたのではないかと反省しています。

それにしても、本当に恐ろしい妻って……いるんですねえ。

⑬別れたモラハラ夫がストーカーになって再び

元夫がコンタクトをとってきた

「その節は大変お世話になりました」

2年ぶりに見る鈴木和美さんは、伏し目がちに挨拶をしてくれました。

和美さんは、2年前に夫の一夫さんと離婚。現在は、結婚前から働いている職場に実家から通いながら、幼いお子さんの世話もしている、しっかり者の美しい女性です。

お目にかかったのは、一夫さんとの離婚問題で私が依頼を受けて以来でした。

「それで、今日はどうなさいました？」

「実は、このようなものが家裁から送られてきまして……」

目の前に置かれた書類を見ると、元夫の一夫さんが子どもとの面会交流を求めて、和美さんを相手として家庭裁判所に調停を申し立てた書類でした。

「ええー!?　離婚のときは、子どもさんとの面会交流は求めないと言っていたのに……」

「それが、私たちの仲人《なこうど》をしてくれた人の話では、私と離婚したあと、彼は別の女性と再婚したそうなのです。その間、彼からの連絡は一切なし。私たちは平穏に暮らしていました。しかし、新しい奥さんは、1カ月も持たずに家を出ていったとのこと。それからしばらくして、彼が私の実家の近辺をウロウロし出したり、用もないのに電話をかけてきたりするようになったのです」

「一夫さんは〝あのような人物〟ですから、1カ月で新しい奥さんが逃げてしまうのは十分理解できます。それを考えれば、和美さんはよく2年間も我慢できましたよね〜」

「ホント。私って鈍感なのかもしれません（笑）」

「いえいえ、我慢強いのですよ」

モラハラ夫とめでたく離婚成立

話は遡《さかのぼ》ること2年前。

和美さんは、一夫さんと離婚しようと決意して家裁で調停をしたのですが、一夫さんが断固として離婚を拒絶したため、調停はうまくいきませんでした。

その後、私の事務所を訪れた彼女から、

「子どもの親権だけもらえればいいので、何とか離婚手続をしてほしい。ついては、夫はかなりの変人で根に持つタイプなので、いきなり裁判にするのではなく、よく話を聞いてやって説得してほしい」

との依頼を受けました。

一夫さんは、一流大学を卒業して大企業に勤めている人物で、浮気どころかギャンブルも酒もやらず、毎日きちんと家に帰ってくる〝表面的には〟模範的な夫でした。

しかし、どうしても和美さんが離婚したいと言うので、取り急ぎ、私は一夫さん宛内容証明郵便で「和美さんの代理人になったので、以後の連絡は私宛にお願いしたい」という受任通知を送りました。

受任通知を送って5日ほど経った頃、一夫さんから電話があり、「一度会いたいので今度の日曜日に自宅に来てほしい」と言ってきました。

どうしようか迷いましたが、「夫はかなりの変人で根に持つタイプ」だという和美さんの言葉を思い出し、〝まずは十分話を聞いてガス抜きをした方がいいだろう〟と思い、一夫さん宅に出向くことにしました。

待ち合わせ場所で一夫さんらしき人に声をかけると、一夫さんは挨拶もしないで顎《あご》を車の方に向け、「近くだから車で付いてきて」と言うだけ。

「こちらが挨拶してるのに無礼なヤツだな〜」

と思いながら、車を連ねて一夫さん宅に向かいました。

一夫さん宅は新築のにおいのする大きな一戸建てで、家に入るなり、

「まずまず立派な家でしょう。親が和美と結婚してから建ててくれたんですよ。弁護士さんは家を持ってるの？」

と、ずけずけと尋ねられました。

私が、２ＬＤＫの古い賃貸マンションに住んでいると答えると、

「そうだよね。乗ってきた中古車見ればわかるよ」

あームカツク！

しかし、我慢我慢。まずは〝ガス抜き〟だ、と気を取り直して、いろいろと話をしました。

話が進むにつれてわかったのですが、一夫さんの言葉のはしばしには〝険《けん》〟があります。和美さん相手にも同じような態度で臨んでいるのなら、和美さんが離婚したくなるのも当然だ、と確信するようになりました。

そのときは知りませんでしたが、いわゆる〝モラハラ夫〟だったのです（モラハラとは、モラルハラスメントの略語です。物理的暴力ではなく、言葉や態度など精神的暴力によって相手を傷つけることを言います）。

その後、場所を変えて、何度か一夫さんと会い、和美さんの決意の固さを伝え、一夫さんの

〝いちいち揚げ足を取るような態度〟を我慢して交渉した結果、「お詫び金」として20万円を支払えば離婚に応じる、というところまでこぎ着けました。

当方としては「お詫び金」など支払う必要はないはずですが、和美さんが「何とかそれでお願いします」と懇願するので、不承不承「お詫び金」を支払い、離婚協議書と離婚届に署名・捺印をもらって、めでたく（？）離婚が成立しました。

晴れてトラブルから解放される

話を戻しましょう。

その一夫さんが、2年近く経ってから和美さんの実家近くをウロつくようになり、意味不明の電話を何度かかけてよこし、挙げ句の果てに「子どもとの面会交流」を求める調停まで起こしてきたのです。

「2番目の奥さんがもう少し我慢してくれていればよかったのですけどね～」

と、私は不安な表情を見せる和美さんに言いました。

「ならば、こちらも『面会交流禁止の調停・審判』を申し立てましょう」

「そんなことできるのですか？」

「相手がマトモじゃありませんから、こっちも攻撃するのです。結果はどうあれ、ともかくやってみます」

ということで、中立人を和美さんとして私が代理人になって「面会交流禁止の調停・審判」を家裁に申し立てました。

相手が相手だけに予想はしていましたが、調停は不成立となり審判に移行。

数カ月後、私の事務所に家裁から審判書が届きました。

「新たな合意もしくは審判がなされるまで、相手方（一夫さん）は中立人（和美さん）と相手方の長男○○と面会交流してはならない」という主文で、当方の完全勝利でした。

「中立人の欠点を根掘り葉掘りあげつらっては非難する言動が顕著で、面会交流は子の健全な成育の支障となる」というような理由が書かれていました。

おそらく、あの一夫さんのことですから、家裁の調査官に対しても非常識な態度で接したのでしょう。

一夫さんは、裁判所の審判という〝権威〟に素直に従って、おとなしくなってくれました。

このように〝権威〟には弱いのが、典型的なモラハラ男のパターンです。

2年越しのトラブルから解放された和美さんの笑顔が、忘れられません。

⑭DV男から離れられない女

監禁暴力男からやっと逃げ出す

ある日のことでした。

年齢は20代半ばくらい、美形ではあるものの、痩せすぎていて〝おどおど〟とした態度が気になる女性が相談に来ました。

「私、男性と一緒に住んでいるのですが、その男性と別れたいのです」

「結婚されているのですか？」

「いいえ。世間でいう同棲のようなものです」

「一緒に住んでいるのはどこですか？」

「彼が借りているマンションです」

「それなら、あなたが出ていけば済むことじゃないですか」

絢香《あやか》さんは目を伏せながら、

「彼が……私を放してくれないのです」

「と言いますと？」

「私は常に彼に監視されています。今日、ここに来られたのも、同じビルにある不動産会社に行くと言ってきたからです。ビルのすぐ外で、彼は車に乗って私を待っています」

「彼は仕事をしていないのですか？」

「していません。だから、逃げる隙がないのです」

うーん。これは困った。

警察に通報しても現状では相手にしてくれるはずがない。

かと言って、放っておくわけにもいかないし……。

「彼はあなたに暴力を振るったりしますか？」

「ときどき……あります。この前、殴られたときの痣《あざ》です」

と言って、絢香さんはブラウスの長袖をたくし上げ、青痣のついた二の腕を私に見せてくれました。

「殴ったりするのは、1度に1、2回ですか？」

「いえ。何度も殴られたり蹴られたりします」

「わかりました。では、今度ひどく暴力を振るわれたら、そのまま近くの交番に走りこんでください。彼の名前は何というのですか？」

「鈴木大三郎といいます」

「交番で、鈴木大三郎から暴力を受けた、と言ってください」

「はい……でも……それで私は逃げられるのでしょうか？」

「できる限りのことはしてみます」

絢香さんが帰ったあと、私は検察庁に足を運び、懇意にしている検察官の佐藤さんに面会を申しこみました。

「検事さん。鈴木大三郎という人物をご存じですか？」

「聞いたことのある名前ですねぇ……ちょっと待ってください」

と言って、佐藤検事は電話であれこれ確認してくれました。

「鈴木でしたら、以前シャブ（覚醒剤）でうちで世話したことがあるそうです。鈴木がどうかしましたか？　また、シャブやらかしたんですか？」

しめた、と思った私は、絢香さんから聞いたことを佐藤検事に話しました。

「ふ〜ん。よくわからない話ですねえ。とりあえず、鈴木のマンションの近くの交番に事情を伝えておきますわ。その女の人もシャブをやるようになったら、厄介なことになりますからねえ……」

一縷《いちる》の望みを抱いて、私は検察庁を後にしました。

それから数週間後、突然、絢香さんから電話がありました。

「彼が、えっと……私に暴力を振るって……警察に捕まりました。今なら逃げられます！」

「ともかく、必要な荷物をまとめて、できるだけ遠くに、そして鈴木に決して知られていないところに逃げてください」

「はい。そうします！」

鈴木は、覚醒剤の前科がある身だったので、絢香さんに対する傷害罪ですぐ逮捕・勾留されたのです。

後刻、鈴木に私選弁護人が付いて、和解の申し出がありました。

鈴木は前科があるので、傷害の被害者である絢香さんに和解金を支払って民事上の和解をし、刑事裁判で、情状酌量を求めて執行猶予判決を取ろうとしたのです。

私は、絢香さんの相談を受けただけで正式に依頼を受けておらず、どこに逃げたかも知りませんでしたので、その旨、正直にその弁護人に伝えました。

「てっきり先生が依頼を受けておられると思っていたのですが……。困りました。いや、失礼しました」

弁護人は和解が困難であることを知り、落胆したような声で電話を切りました。

やっと絢香さんが自由の身になれたという大きな喜びと、一種のタダ働きになってしまったという少しばかりの悔しさを感じながら、私は安堵《あんど》の溜め息をつきました。

DV被害者のSOSに気づけなかった

それから半年くらい経った頃です。

たまたま事務員が席を外していたので、鳴った電話に直接私が出ると、

「あのとき、お世話になった絢香です」

と、弱々しい声が電話口から聞こえてきました。

「いやいや、お久しぶりですね。お元気ですか？」

私はつとめて明るい声で応じました。

それに対し、絢香さんの口調は相変わらず弱々しく、

「あのときお世話になった……費用をお支払いしたいと思いまして……」

「そうですか！　それはご丁寧にありがとうございます！　ところで、今、どこにお住まいなのですか？」

「彼……鈴木と一緒に暮らしています」

その一言を聞いた私は、後頭部を鈍器で殴られたような気分になりました。

「どうして……。鈴木に見つかってしまったのですか……?」

「私……鈴木と一緒にいないとダメなんです……あの……いくらお支払いすれば……」

「せっかく暴力男から逃げられたのに、よりによって自分から戻るなんて……救いようがない!」

と思った私は、自分の頭に急速に血がのぼる感覚を覚え、

「費用はけっこうです! 二度と私の目の前に現れないでください!」

と言って、思いっきり電話を切ってしまいました。

今から考えると、あのとき、絢香さんはDV男である鈴木に心まで支配された、いわゆるサレンダー状態にあったのではないかと思えてなりません。

当時は、モラルハラスメントやDVの被害者が陥ってしまう症状に対する知識がなかったため、「どうしようもない女だ!」という怒りで頭がいっぱいになり、絢香さんが必死で発信してきた「SOS」にまったく気づきませんでした。

今は、思い出すたびに反省の気持ちがこみ上げてくるばかりです。

⑮「手を握っただけ」か「手まで握られた」か

セクハラをしたと脅された男の言い分

「西本さんがいらっしゃいました」

事務の女性から、私の机上の電話に連絡がありました。スケジュール表を見た私は、

「何、セクハラの相談？　たしか相談者は男性だったよな」

と思いながら、相談室に通してもらうよう連絡しました。

西本さんは見たところ40代半ばで、やや大柄な男性でした。

「西本さんですね。はじめまして、弁護士の荘司と申します。事前にセクハラに関するご相談と承っているのですが、どうされました？」

私が尋ねると、西本さんはしっかりとした口調で答えました。

「ええ。実は、私がセクハラをしたということで脅されているのです」

「脅されている？　穏やかではありませんね。詳しいお話をうかがえますか？」

西本さんが説明した内容は、概略次のようなものでした。

西本さんは大病院の外科の医師をしています。

同じ科の香織さんという女性看護師（以下「看護婦」と呼びます）と一緒に、映画を観に行きました。

映画館で、西本さんが香織さんの手を握ったそうです。

その日はそれで終わりました。

香織さんは、翌日から欠勤届を出して、病院に出てきませんでした。

香織さんのボーイフレンドと名乗る男から西本さんに電話があって、

「お前！　香織に手を出しただろう！　ショックで香織は寝こんでしまった。どうしてくれるんだ」

と、強い口調で西本さんを責めました。

「というようなことで、相談にうかがったのです」

西本さんは、堂々とした、はっきりとした口調で話しました。

「なるほど。事実関係をもう一度確認させてください。映画に誘ったのは西本さんですか？」

「はい」

「香織さんは素直に応じたのですか、それとも、迷っていましたか?」

「私の記憶ですが、迷った様子はありませんでした」

「映画館で手を握ったのは間違いないですか?」

「はい。でも、振り払われたのですぐに引っこめました」

「それ以上のことはしていませんか?」

「手を1回握っただけです」

「映画が終わるまで、香織さんと一緒だったのですか?」

「はい。終わるまで一緒にいて、映画館を出てから食事に誘ったのですが、用事があるということだったので、映画館の前で別れました」

「香織さんは西本さんと同じ科にいらっしゃるのですよね?」

「はい」

「西本さんは、たとえば会社で言えば、香織さんの直属の上司のような関係だったのですか?」

「いいえ。私と香織さんは、そのような関係ではありません。いろいろ指示をすることはありますが、人事考課や人事異動の権限はまったくありません」

これは、かなりファジーな領域の問題だな〜。

たとえ人事権などがなくとも、同じ科の医師の影響力は、看護婦にとっては大きいものでしょう。

西本さんが意識していなくとも、香織さんは西本さんの影響力を恐れ、不本意ながら映画に付いていったのかもしれません。

「ところで、香織さんのボーイフレンドは、西本さんに対して何らかの要求をしてきましたか?」

「いいえ。いっそのことお金でも要求されたのなら、相手の意図もわかるのですが」

「最初から金銭要求をしてくるようなヤツだったら簡単ですよ。金銭要求をあえて自分からしないヤツの方が、どちらかというと〝その筋〟に長けた人物だと言えるでしょう」

「ということは、私はタチの悪い相手にひっかかったということですか?」

「そうとは限りません。あくまで一般論ですから。ところで、そのボーイフレンドは西本さんに名前や連絡先を教えましたか?」

「ええ。大山という男で、電話連絡先はこのメモに書いてあります。住所はわかりません」

「そうですか。それで西本さんとしてはどのような解決をお望みですか?」

「お金で解決できるものならそうしたいと思います。映画館で手を握っただけでお金を支払うのは癪《しゃく》ですが、あちこちに悪評を広められるのは私の立場としては困ります」

「具体的にはおいくらくらいまでなら支払うお気持ちですか?」

「200万円で全部解決できれば、御《おん》の字です」

もしかしたら、これはセクハラを理由にした脅迫かもしれない。

そうだとしたら、お金を払う必要はないし、払うべきでもない。

探りを入れてみるしかないな。

そう考えた私は、

「わかりました。この案件、私が西本さんの代理人として交渉してみます。すぐに大山さんに私が電話をして、今後の交渉窓口はすべて私に、ということを伝えます。万一、大山さんからあなたに電話があっても、すべて弁護士に任せてある、と押し通してください」

と西本さんに言って、代理人を引き受けることにしました。

セクハラをされた女の言い分

西本さんが帰ると、私はすぐに大山という男性に電話をしました。

「大山さんですか？　私、西本の依頼を受けた弁護士の荘司と申します」

「ええ〜。弁護士〜。西本のヤツ、弁護士に泣きついたのか」

「私が西本の代理人になりましたので、大山さんと香織さんにお話がしたいのですが」

「香織はショックで寝こんでるよ。俺が代わりに話をする」

「香織さんご本人とはお話しできませんか？」

「あんたもくどいなあ〜。寝こんでるんだよ。西本のせいで」

「わかりました。では大山さん、私と会っていただけますか？」

「いいとも」

「それと、今後は西本には直接ご連絡なさらないでくださいね」

「わかったよ」

ということで、私は大山さんと面談することになりました。

面談場所に現れた大山さんは、いかにも〝ヤンキー〟といった印象の20代の男性で、髪を金色に染め、黒っぽいデニムらしき服を着ていました。

私は名刺を出して、話を切り出しました。

「弁護士の荘司と申します。本日は時間を作っていただきありがとうございます、大山さん。西本から経緯は聞いているのですが、香織さんの立場からのお話はうかがっておりません。いろいろあろうかと思いますが、何でもけっこうですので、お話を聞かせていただけませんか？」

「ああ、聞かせてやるよ。西本の野郎、香織のことを看護婦だと思ってなめやがって！　無理やり映画に同伴させた上、手まで握って……香織はホステスじゃねえぞ」

それから、大山さんは西本さんに対する誹謗《ひぼう》中傷を延々と話し続けました。

私は、このように相手が興奮しているときは、ともかく話させるだけ話させて〝ガス抜き〟をすることにしていますので、いちいち頷《うなず》きながら、大山さんの話に耳を傾けました。

「そんなことがあってぇ、香織は、ショックを受けて寝こんでしまったわけよ」

「香織さんのご容態はいかがですか？」

「何とか俺が支えて、気持ちを持ち直すよう本人も努力してるよ」

「大山さんの支えが必要なのですね」

「まあ、そういうことだろう。放っておいたら香織はこわれてしまう気がするんだ」

「お大事になさってください。ところで、西本に対して何か要求はおありですか？」

「弁護士さんさあ〜。あんたも知ってると思うけど、医者って奴らは看護婦を、下の世界の人間のように完全に見下しているんだ。極端なヤツは、セックスの相手だと割り切ってるそうだ。結婚なんてとんでもない、俺たちが相手をしてやるだけでもありがたいと思え、なんてヤツもいるそうだ」

「それは、香織さんから聞かれたのですか？」

「香織や、その友達の看護婦たちからしょっちゅう聞いてるよ」

「西本もそういうタイプの医者だということですか？」

「そうに決まってるだろう！　香織をホステスみたいに連れ回しやがって」

「香織さんは西本と映画に行くのを嫌がったのですか？」

「とても嫌がったのに、毎日のように誘われて、断れなくなって少しの時間の我慢だと自分に言い聞かせて、嫌々行ったそうだ」

「毎日のように誘われた？」

「ああ、周りに人がいなくなると一日に何度も誘われたこともあるそうだ」

「なるほど。大山さんがお怒りになる理由はよくわかりました。何か私にできることがあればご連絡ください。今日のところは失礼しますが、くれぐれも香織さんを支えてあげてくださいね」

「わかったよ。なんかあったら弁護士さんに連絡するよ」

ということで、大山さんとの最初の面談は終わりました。

男女には絶対わかりあえない領域がある

私は、女性の相談もそれまでたくさん受けてきましたので、何となく香織さんの受けたショックというものが理解できるような気がします。

「たかが手を握っただけ」

というのは、あくまで〝男の論理〟であり〝男の考え〟です。

女性と男性は、人間という点では同じですが、絶対に「わかりあえない」というか「理解できない」領域があると思います。

その、男性には理解できない女性の領域に強引に踏み入ると、女性は男性が想像できないような心理的抵抗を感じるのでしょう。

一般論として、男女ともそういう領域がたくさんあるということを、お互いが知り、違いを尊重すべきだと考えています。

そうは言っても、この案件、どうしたものか？

こちらから金銭支払いの提示をするのもどうかと思うし、先方も要求してこない。

悩みどころだな〜。

そこで、私はひとつの方法を試みることにしました。

最初の面談から2日後、私は大山さんに電話を入れました。

「大山さん。この間は、時間を作っていただきありがとうございました。私も大山さんのお話をうかがって、香織さんのショックの原因がわかったような気がします」

「それで、今日は何の用？」

「これは、私個人の考えであって西本には相談していません。たとえ西本に他意がなかったとしても、香織さんにショックを与えたのは確かです。私が西本を説得して、いくらかのお詫び金を支払わせたいと思うのですが、いかがでしょうか？　あ、もちろん、西本がどう反応するかはわかりませんが……」

「弁護士さんが、西本を説得してお金を払わせるってこと？」

「そうです。うまくいくかどうかはわかりませんが」

「お金で済む話だと思ってるのかい？」

「そうは思いません。しかし、弁護士である私の立場としては、香織さんには慰謝料という形で金銭的な賠償をするしか、他に解決方法がないのです」

「まあ、弁護士さんだからねえ、西本本人じゃないし。あんたは委任を受けただけで、俺から見て悪いヤツじゃなさそうだし」

「恐縮です。一度、香織さんとご相談いただけませんか？　もちろん、香織さんのショックがやわらいで、このような話ができるようになってからでかまいませんので」

「わかった。また連絡するよ」

こうして、金銭解決はあくまで私個人のアイディアであることを強調して、相手の出方を見ることにしました。

もし、金銭解決が西本さんの考えであると伝えたら、「何でも金で解決できると思っているところが気に入らない！」と、大山さんは怒り出したことでしょう。

「汚らわしくてお金なんていらない」

数日後、何と、香織さん本人から私に電話がありました。

「はじめまして、香織です」

「はじめまして。直接お電話いただき恐縮です。いかがですか、ご体調は？」

「ええ、ありがとうございます。何とか……立ち直ってきました。最初の頃はあまりのショックで寝こんでしまい、西本先生のことがトラウマになったような気がしました。でも、大山くんのおかげで、だんだん良くなってきています」

「それは何よりです。大山さんは、あなたのことをとても心配してましたからねえ」

「見かけは悪いけど、優しい人なんです」

「香織さんへの優しさは、私にも十分伝わってきました」

「それで、弁護士さんが、西本先生にお金を払ってもらうよう取りはからってくれると、大山くんから聞いたのです」

「ええ、そのとおりです。あくまで私個人の考えですが」

「私、お金なんていりません。西本先生のお金なんて汚らわしくて……」

「それでは、どうすれば香織さんにご納得いただけるのでしょう？」

「私に二度と近づかないことと、私に対して心から謝罪するという一筆をいただければ、それでけっこうです」

「本当にそれだけでいいのですか？　和解となりますと、本件については口外しないという条項と、本件については債権債務がない、つまり後で何らかの請求ができなくなるような条項が入りますが」

「いいです。本人の一筆さえいただければ、弁護士さんの作った書類、示談書……ですか、そういうものに署名させていただきます。そして、私は西本先生のいない別の病院で働きます」

「わかりました。ではそういう方向で調整します。くれぐれもお大事になさってくださいね」

「ふふ、大山くんが言ってたように、弁護士さん、いい人ですね」

香織さんは初めて明るい声になりました。

「ありがとうございます。そう言っていただけると、とてもうれしいです」

私は、一筆書くことに抵抗していた西本さんを、

「お金は払わなくてもいいし、口外禁止条項もありますし、香織さんも別の病院に移るのですから、それくらい我慢してくださいよ」

と言って説得し、無事、和解が成立しました。

「それにしても、手を握っただけでトラウマなんて、大げさじゃないのかなあ……」

西本さんは、一筆書くときに不満そうに漏らしました。

「それが、男には永遠にわからない女性の心なのでしょうねえ」

私はそう答え、「本当にわからんな〜」とブツブツつぶやきながら事務所を後にする西本さんの後ろ姿を見送りました。

⑯しっかり者の妻を一瞬で変貌させる夫

暴力を振るわれなくても耐えられない

沙枝子さんは大きな目を見開きながら、はきはきとした口調で話してくれました。

「私、ともかく夫と離婚したいのです。夫は銀行員という安定した仕事に就いていますし、酒やギャンブルといっても、付き合い酒やパチンコを少しするくらいです。暴力を振るわれたこともありません。でも、夫と一緒にいるのが耐えられないのです」

沙枝子さんは30代半ばで、お子さんが一人います。

ある人の紹介で、離婚の相談のために私の事務所を訪れました。

「う〜ん。お話をうかがった限りでは、きわだった離婚原因と申しましょうか、離婚理由がわからないのですが……」

「私も、どう表現していいのかわかりません。ただ、夫が家に帰ってきて一緒にいると、私、いたたまれなくなって逃げ出したくなるのです。交わす言葉のひとつひとつが心に突き刺さってくるようで」

「そんなにひどいことを話すのですか？　たとえば、お前なんて死んでしまえ、とか、そこまでいかなくとも、一種の暴言が絶えないとか？」

「暴言というほどの言葉は口にしません。ただ、夫と会話をしていると、私の言葉の揚げ足を取ったり、嫌みとも取れる言葉を口にしたり、大げさかもしれませんが、精神的に本当に参ってしまうのです。次第に、夫が恐ろしくなってしまって……」

当時、モラルハラスメントというものを知らなかった私は、このケースは一種の〝性格の不一致〟に近いのではないかと思いました。

いずれにしても、到底、一緒に暮らすことはできないと沙枝子さんが訴える以上、離婚の方向で考えていくしかありません。

「それで、ご主人とは、離婚の話はされましたか？」

「はい……一度だけ、それとなくしてみたのですが、お前は今の生活のどこに不満があるんだ、俺には離婚される理由などない、と、とりつく島もありませんでした。夫に対する恐怖心を持っている私としては、それ以上何も言えなくて……」

「現在は、別居されているのですか？」

「はい、娘と一緒に実家で面倒を見てもらっています。ただ、両親に話をしても、それはお前のわがままだ、というニュアンスのことを言われ、正直申しまして実家にもいづらい雰囲気なのです」

「離婚調停でしたら、ご本人だけでもできますよ。わざわざ弁護士に委任しなくても、家庭裁判所の書記官は懇切丁寧に教えてくれますから」

「いえ。ぜひ、先生に付いてきていただきたいのです。たとえ、控え室が別々で、夫と顔を合わせることがないとしても、同じ時間に同じ場所にいることが恐ろしいのです」

「わかりました。では、離婚調停の申立と、婚姻費用分担の申立を行いましょう」

「何卒、よろしくお願いします」

このような事情で、私は、沙枝子さんの代理人弁護士として、夫の明さんを相手方とする調停の申立と、婚姻費用分担の申立を家庭裁判所に行いました。

モラルハラスメントの恐ろしさ

調停当日、明さんは弁護士に依頼せずに一人で裁判所にやってきました。

初回は、明さんは離婚には応じないの一点張りです。次回の日程を決めるために、明さん本人と私が調停室で顔を合わせました。

明さんは、体こそ大きいものの、人相はどちらかというと優男で、話し方も小さめの声で遠慮がちでした。

次回の日程が決まって、中立人控え室に戻ったところ、突然、明さんが現れました。沙枝子さんを見つけるなり、

「なあ、沙枝子〜、二人でじっくり話し合わないか。娘のこともあるし……」

と、頼むような口調で話しかけてきました。

明さんを見るなり、沙枝子さんの表情はにわかに緊張してこわばり、体を小刻みに震わせながら私の背後に隠れるようにして、

「い、嫌です。先生、助けてください」

と、怯《おび》えきったような声で懇願してきました。

尋常ならざる状況に驚いた私は、

「ここは、裁判所です。当事者同士が話をする場ではありません。沙枝子さんが拒否しているのですから、出ていってください」

と言って、明さんを控え室から追い出しました。

沙枝子さんの変貌ぶりに驚いた私は、これは精神的に相当参っているなあ、早く決着をつけないと大変なことになるぞ、と確信しました。

次の回では、これ以上離婚を拒否するのなら訴訟で決着をつける、と宣言して、明さんの出

方を待つことにしました。もちろん、調停委員には、沙枝子さんの尋常ならざる様子について説明し、早期解決がぜひとも必要なケースであることを事前に納得してもらっていました。

結果的に、年度替わりの昇進時期までは籍を抜くのは勘弁してくれ、という明さんの要求を飲む代わり、娘さんの親権、養育費、財産分与等は、ほぼこちらの要求が通る形で決着しました。

それにしても、今から思い返すと、モラルハラスメントは実に恐ろしいものです。はきはきと話すしっかり者という印象のある沙枝子さんを、あそこまで追い詰めてしまうのですから……。

解決がもう少し遅くなっていたら、と思うと、今さらながら背筋が寒くなります。

コラム 自分で自分の身を守る知恵

「自分が悪い」「自分が至らない」と思わない

DVやハラスメントにおいて、最も困難で厄介なのは、「DVやハラスメント」が現実にあったか否かという事実認定です。

無意識にDVやハラスメントを行ってしまう加害者がいる一方、自らが被害者であることを自覚していない被害者がたくさんいるので、重篤《じゅうとく》な身体的虐待を受けて初めて、DVやハラスメントの存在が第三者によって認識されるケースがあるのです。

暴力を伴わないモラルハラスメントでは、被害者が「自分が悪い」「自分が至らないのだ」と思いこんでしまう傾向があります。また、DV加害者の中には、爆発期が終わって落ち着くと、被害者に土下座をして涙ながらに謝罪する者もいるので、「ああ、この人は本当はいい人なのだ。たまたま気が立っていただけなのだ」と納得してしまう被害者が実に多いのです。

そこで、DVやハラスメントにおいて最も重要なのが、被害者が「被害を受けていること」「相手が加害者であること」を自覚することなのです。自分が理不尽な状況にあるとしっかり認識することこそ、DVやハラスメント被害から脱出するための第一歩と言えるでしょう。

そのためには、DVやハラスメントに当たるような行為が一度でもあったなら、定期的に日記風に「出来事」を記録しておくことが効果的です。

まず、書くことによって自分の置かれた状況を客観視できます。そして、書かれた内容を読み返すことで、同じことが繰り返されていることにも気づきます（DVには一定のサイクルがあって、「爆発」「安定」「蓄積」を定期的に繰り返す傾向があります）。さらに、客観的事実が書かれた内容は、のちに裁判になったときに有力な証拠にもなります。

自らが被害者だとわかったら、下手に対峙《たいじ》することなど考えずに、ともかく逃げましょう。最近は警察等も積極的に相談に乗ってくれますし、加害者に居場所を知られなくて済むシェルターも存在します。

DVやハラスメントの被害者の多くは〝心の傷〟を負ってしまうことが多いので、医師やカウンセラーなど、心理面での専門家を積極的に利用することをお勧めします。

また、裁判で勝訴するなりして一段落しても、執念深い加害者が相手だと、忘れた頃に現れて復縁を迫ってくるということもありえるので、転地と転居先閲覧禁止などの措置が必要な場合もあります。

第4章 金銭トラブル

⑰会社は突然倒産するものです

「不幸の手紙」はいつも突然やってくる

「手形をパクられました！」

そういう電話を受けると、いつもイヤ～な予感がしました。

そうやって、大急ぎで相談してくる相手は、ほとんどの場合、資金繰りに行き詰まって倒産やむなしという状態になってしまった会社の社長たちでした。

最初から倒産云々というのに、抵抗を感じたからでしょうか……。

特に、中堅・中小企業の場合は、民事再生法などの適用が困難な状態になってから弁護士に相談に来るケースが多いので、やむなく破産申立事件となります。

法人の破産申立は、はっきり言って、弁護士にとってかなりしんどい案件です。

依頼者である会社社長たちは、債権者や従業員が怖くて仕方がありませんので、裁判所に申し立てる「Xデー」までに申立書類等をすべてととのえます。そして裁判所に申立書等を提出すると同時に、弁護士名で債権者宛受任通知を発送します。

「債権者宛受任通知」とは「○○株式会社は×年×月×日に△地方裁判所に破産申立をしました。当職がその代理人となりましたので……」というやつで、私はこれを「不幸の手紙」と呼んでいました。

多くの社長たちは、会社に「後のことは弁護士に一任しました」というような張り紙を貼って、夜逃げ同然に身を隠します。

そうなると、弁護士事務所の電話は鳴りっぱなし、ヤクザ風の債権者が押しかけてきたり、(どうやって知るのか) 私の出先にまでやってきたりします。あるときは、夜間に自宅前で待ち伏せされたこともありました。

「依頼者は嘘をつく」という格言(?)があります。

後始末は弁護士に任せて、自分たち(社長一族)は最低限の連絡がとれるようにだけして、完全な雲隠れ……。

当初の打ち合わせになかったようなことを勝手にいろいろやられ、それが露見するたびに冷や汗をかかされる始末。

突然、倒産を宣告された債権者や従業員にとってはまさに青天の霹靂《へきれき》。

特に、年末になって突然倒産してしまった会社の従業員には同情してもしきれません。

「これじゃあ、年が越せない」

という悲痛な叫びを耳にするたびに、胸がひどく痛みました。

ホント〜に……会社なんて「あっけない」ものなのです。

⑱不動産を貸したいあなた、用心には用心を

悪徳な借り手を追い出すのは難しい

「借り手が賃料の支払いを滞らせて困っています。出ていってほしいのです」

このような相談を受けることがあります。

ああ、なんて不幸な人なんだ、と思いながら、借地借家法や判例について簡単に解説し、「言って聞かないような相手なら、裁判で勝訴して、その上強制執行をしなければなりません。弁護士費用をはじめとしていろいろとお金がいります。引っ越し代に色を付けたくらいの金額で出ていってもらえれば、時間も費用も安く済みますが……」

と、明け渡しがかなり面倒であることを説明します。

中には、常習的悪徳賃借人がいて、借りたが最後、賃料を一切支払わず、一審で敗訴しても控訴・上告をして、その間、タダでいすわる輩もいます。

以前、賃料の支払いが一日でも遅れると、室内の物を出して鍵を取り替えてしまう、強引な

業者がいて、問題になったことがあります。

あれは絶対にやりすぎですが、不動産の賃貸でトラブルが生じると、まっとうなやり方をしていたのでは、必ず貸し主側にかなりの負担がかかってくるのは事実です。

賃貸借契約を結ぶ代わりに、最初に簡易裁判所で即決和解の手続をしておくという、一種の裏技もあります。こうしておくと、賃料を滞納した場合の明け渡しなどの和解事項が破られたときに、裁判をしないで強制執行ができますが、個人的にはこのような方法は好きではありません。

やはり、不動産を貸すときは、借りようとしている人物の〝人となり〟、職業、家族構成などを十分調べた上で判断すべきでしょう。

長い間借り手がいなくて焦っていると、ヘンな連中の餌食になりかねませんから、焦りは禁物です。

⑲「パチンコはぼくの人生そのものです」

パチンコが原因の借金は免責されない

「パチンコはぼくの人生そのものです。金輪際《こんりんざい》、パチンコを止めるつもりはありません」

「それを裁判官の前でも言うつもりですか？」

「はい。ぼくは絶対に嘘はつけませんから」

自己破産申立の依頼者本人と私の会話です。

そもそも、彼の自己破産申立の依頼を受けることになった経緯は次のとおりです。

憔悴《しょうすい》しきった顔をした50代後半とおぼしき女性が、ある日、私の事務所を訪れました。

聞くところによると、一人息子がパチンコにのめりこんで、複数のサラ金等から借金をし、膨れ上がった借金を返済できなくなったため、たくさんの会社から、督促の電話が一日中家にかかってくるようになったとのこと。

家族構成は、息子と相談者とその母（息子の祖母）の3人暮らし。

息子は、とりあえず働いてはいるものの、収入が少ない上、相当額をパチンコで使ってしまうため、家計に入れてくれるお金は少なく、自分がパートに出て、病気の母を合わせて3人の生活をやりくりしている。

借金返済の督促の電話が毎日何度もかかってくるので、病気の母も自分も一種のノイローゼになっている、とのことでした。

借金を減額して返済を続ける「任意整理」などの債務整理はできない状態でしたので、息子本人が納得したら、裁判所に自己破産の申立を行うということにしました。

本人が納得したため、自己破産の申立書を作成するために、いろいろ事情を聞いていたときの会話の一部が、冒頭のものです。

個人の自己破産については、最終的に免責が認められるかどうかが問題となります。

裁判所の免責決定が下りると、それまでの負債は法的には免除され、支払い義務がなくなります。

免責には「不許可事由」というものがあり、賭け事のために借金をしたような場合には、裁判所は免責を不許可とすることができます。

ですから、本件のような場合には、免責不許可となる可能性がとても高いのです。

今だから白状しますが、多少ギャンブルなどをやっていても、基本的には生活苦で借金を重ねてしまったような依頼者に関して、私は、申立に際し、あえてギャンブルについては触れないように配慮してきました。

嘘の申立はしないけれど、依頼者に不利益になりそうな少々のことには目をつぶるというスタンスです。

しかし、本件はいかんともしがたい状態でした。

破産手続が無事に終わっても、パチンコは絶対に止めないと本人が言い張る以上、パチンコが原因の借金であるということを隠すわけにはいきません。

やむなく、パチンコが原因で返済不可能な借金を重ね、自己破産の申立に至ったと申立書に記載して、裁判所に提出しました。

賭博が刑法で禁じられている、この国で

破産審尋（裁判官が申立人の口から破産申立に至った経緯等を聞く手続）の当日、裁判官は申立書に目を通し、

「あなたが本人ですよね。申立書記載のとおりパチンコで借金を作ってしまったのですか？これから、パチンコを止めるつもりはありますか？」

と、やや困惑顔で尋ねました。

「パチンコで借金を重ねたのは事実です。これからもパチンコを止めるつもりはありません！」

本人のあまりにもキッパリとした口調に、裁判官は少し驚いた顔をして、

「代理人。免責不許可となる可能性が高いですが、それはご承知ですね」

と、私に話を振ってきました。

「私は、正直申しまして、本人のためというより、本人の家族のために本件申立をいたしました。（弁護士が代理人となって破産申立をするという）受任通知を債権者に送付し、破産決定さえいただければ、督促の電話はなくなるでしょう。免責の申立（当時は別途必要でした）は、行わないつもりです」

かくして、相談に来られた母親と祖母は、督促の電話の嵐から逃れることができ、事実上の成果は十分得ることができました。

息子も、サラ金業者のブラックリストに掲載されて、今までのように簡単には借金ができなくなりました（それでもお金を貸す悪徳業者は存在しましたが……）。

パチンコで人生を狂わせてしまった人々を、私は何人か見ています。

賭博が刑法で禁止されているわが国で、きらびやかなネオンに包まれたパチンコ屋を見るたびに、この国の不思議な矛盾を感じさせられます。

⑳とにかく手形は怖いんです

娘婿に手形を偽造されてしまった

知り合いの司法書士さんに連れられて、3名の相談者がやってきました。80歳前後とおぼしき男性1名と、50歳前後の男女各1名の3名です。50歳前後の女性（美智子さん）の実の父親が80歳前後の男性（耕作さん）、もう一人の男性は美智子さんの夫の健二さんということでした。

健二さんと美智子さん夫婦は耕作さんの家に住んでいて、健二さんはいわゆる「マスオさん」でした。

話を聞くと、健二さんが「耕作さん名義」の手形を数枚作成し、知人から紹介された人物に担保として渡し、数十万円の事業資金を借り入れたとのことでした。

「どうして、耕作さん名義の手形を発行したのですか？　手形の偽造は罪に問われる行為ですよ」

と私が尋ねると、健二さんが、

「お金を融資してくれるという人が、お義父さん名義でないとお金を貸さないと言ったのです」

と、バツが悪そうに答えました。

「手形の金額はいくらでした？」

「はっきり憶えていませんが、1枚100万か200万だったと思います」

「100万か200万の手形を何枚くらい渡したのですか？」

「……7、8枚だったかな～。はっきり憶えていません」

「それでは、合計1000万円以上になるかもしれません。借りた金額は数十万でしょう。おかしいと思わなかったのですか？」

「あくまで担保ということでしたので……でも、今から考えるととんでもないことをしてしまったと思っています」

そう言って、健二さんは頭を抱えこんでしまいました。

「耕作さん、家、土地はあなた名義ですか？」

「ええ、田畑も私名義です」

「健二さんが手形を作って渡したことをご存じですか？」

「いいえ……今日その話を聞いて、不安になったので司法書士さんに相談に行ったのです。そうしたら、司法書士さんが『それは大変なことだ』と言って先生の事務所に連れてきてくれたのです」

「耕作さんは、今はお仕事をやっておられますか？」

「ときどき農業の手伝いをしてますが……まあ年金生活者です」

「ということは、銀行の当座預金はお持ちでないのですね」

「当座預金って……何ですか？　定期預金と普通預金ならありますが」

「わかりました。おそらく近日中に相手方から書面が来るか、場合によっては裁判所から訴状と呼出状が来るかもしれません。そのときは、すぐに知らせてくださいね」

ということで、相手方の出方を待つことにしました。

このままだと自宅が競売にかけられてしまう

1カ月くらい経った頃、美智子さんから電話がありました。

「先生。裁判所から封筒が来ました。それと……」

「それと、どうしたのですか？」

「夫の健二がいなくなってしまったのです。心当たりにはすべて連絡したのですが、どこへ行ったのかまったくわからなくて……」

私は、「しまった！」と心の中で叫びました。

手形を偽造した当の本人である健二さんがいなくなってしまった。

これでは、手形が偽造だという証拠がなくなったも同然だ。

手形訴訟で敗訴すれば、耕作さんの家、土地がすぐに強制執行（競売にかけること）されてしまう。

せめて、健二さんの陳述書を、あのとき作っておけばよかった……。

後悔の念と今後の不安が頭の中で渦巻きました。

手形に関する訴訟は、手形訴訟と呼ばれ、原則として、記載漏れなどがない手形を提出しさえすれば、手形の作成者が手形の持ち主に所定の金額を支払うよう、簡易・迅速に判決が下されます。通常の裁判で行われる証人尋問などもありません。

敗訴すると、相当額の担保を裁判所に預けなければ、通常の訴訟に移行できません。

ですが、耕作さんは年金生活者で、現金はそれほど持っていません。裁判所に預ける担保がないのです。

敗訴すれば、原告はさっさと、家、土地に対して強制執行をしてくるでしょう。

このように、手形を持っている側が圧倒的に有利になるのが手形訴訟なのです。

ちなみに、手形の発行者が会社である場合はもっと簡単です。銀行経由で回した手形が2度不渡り（支払われないこと）になると、銀行取引停止処分となって、発行した会社はいわゆる倒産をしてしまうのです。

本件で、訴状に原告として記載されていたのは金本武という名前で、悪質な事件屋として、弁護士たちの間でも有名な人物でした。

ある日の昼食で、たまたま一緒になった正義感の強い先輩弁護士に、金本武から訴訟を起こされたと話すと、

「金本は裏で悪さをすることが多いヤツだ。金本本人が自分の名前で訴訟を起こすのは珍しい。ここで、とことん金本を叩いておけ。そうすれば、今後、裏社会の人間は君を恐れるようになるぞ！」

と、熱っぽく励ましてくれました。

仕方がない。

裏技を仕掛けるしかないな。

私は裁判所に、答弁書と耕作さんの本人尋問申請書を提出しました。

渾身の一手に他の弁護士から驚きのどよめきが

裁判当日。

裁判官が入廷し、書記官が私の担当する事件番号を読み上げました。

私は、おもむろに被告席に座り、裁判官を見つめていました。

裁判官が、

「原告代理人、訴状陳述ですね。被告代理人も答弁書陳述ということで……被告側から本人尋問の申請が出ていますが、手形訴訟ですので却下します。判決期日は……」

と言ったとき（訴状陳述、答弁書陳述とは、訴状・答弁書を提出することで、それらの書類に書かれたことを述べたことにするという方法です）、

「待ってください。本件は手形が偽造されたとして、被告が争っています。民事訴訟法352条3項で、例外的に本人尋問が許されるはずです」

と、私は裁判官に懸命に食らいつきました。

裁判官は、慌てて手元にあった六法全書の条文を確認し、

「ああ、これですね。わかりました。では本人尋問を認めます」

と、少し不愉快そうな顔をしながらも認めてくれました。

そのとき、傍聴席にいた弁護士たちから、「ほほ〜」という一種のどよめきが起こりました

(民事事件では、裁判官が担当する案件をさっさと片付けるために、同じ日の同じ時間に複数の事件の期日を設定することが多々あります。そのときも、別事件の弁護士たちが10人くらい、法廷の傍聴席に座って自分の手持ち事件が呼ばれるのを待っていました)。

民事訴訟法352条3項の例外規定を持ち出すのは、よほど珍しいことだったのでしょう。もしかしたら規定の存在自体を知らなかった弁護士もいたのかもしれません。

しかし、担保を積めない当方としては、強制執行を回避するために、絶対に手形訴訟で敗訴するわけにはいかなかったのです。

本人尋問の日。

「尋問までやるのですから、通常訴訟に移行するということでいいですね」

と、裁判官が告げ、原告側の代理人もそれに応じました。

私は耕作さんに尋ねました。

「あなたは、手形の現物を見たことがありますか？」

「……いいえ」

「手形が何色をしているかご存じですか？」

「……いいえ」

(原告から提出された手形のコピーを見せて)

「この署名は、あなたの字ですか？」

「いいえ……違います」

誘導尋問オンパレードでしたが、耕作さんが高齢で無口な老人だったからでしょうか、原告代理人から異議を申し立てられることはありませんでした。

原告代理人からの反対尋問がなかったことから、裁判官が、

「では、判決期日は○月△日午後1時とします」

と宣言しました。

「待ってください。当方には被告の娘婿が手形を偽造したということを知っている証人が、司法書士を含めて何名かいます」

と、敗訴を恐れた私が食い下がると、

「先ほどの被告本人を見ていて、十分わかりましたから」

と、裁判官は、暗に当方の勝訴をほのめかして法廷を去っていきました。

結果は、予想どおり当方の全面勝訴。

美智子さんが事務所に来てくれて
「おかげさまで、本当にホッとしました」

と言ってくれたのですが、心の底からホッとしたのは他ならぬ私自身でした。

㉑売掛金はたった2年でチャラになる

貸金・借金に時効があるのを知っていますか

弁護士が、事件の依頼を受ける〝前に〟必ずチェックしておくべきことがあります。
それは、時効の問題です。

私は、相談者などから事件の依頼をされたとき、必ず「時効（消滅時効）にひっかかっていないかどうか」をチェックして、決して安易に引き受けないようにしていました。

消滅時効というのは、債権が一定期間行使されないと、権利が消滅してしまうという制度です。

特に厄介なのは、民法上の〝短期消滅時効〟というものです。
飲食店での飲食代金など、短い期間のものですと、1年で時効消滅してしまうものがあります。

私の経験上、法律事務所にやってくる相談者をがっかりさせてしまうことが一番多いのが、

2年の消滅時効です。

売掛金、給料、習い事の月謝、大工さんの報酬など、けっこうな金額になるものまでが、時効期間がたったの2年なのです。

よく、商売をやっている人や会社から、お客さんや取引先に商品を納入したのに代金を支払ってくれない、裁判にかけてでも回収してほしいという相談を受けます。

こういう代金は売掛債権ですので、納品のときから2年で時効にかかり、消滅してしまうのです。

ですから、売掛金を回収してほしいと依頼をされても、納品してから2年以上経っていると、「これは2年の時効にひっかかりますねえ。相手が時効を主張してきたら、裁判では負けてしまいますよ」

と、答えざるをえません。

このような説明をしたときの相談者は、見ていて本当に気の毒です。

「何度も催促したり、請求書を送ったりしたのに、時効で終わりですか……。これじゃあ、ふてぶてしい人間が得をしてしまうじゃないですか！」

と、怒り出す人もいます。

中には、

「書面で請求書を送り続けていると時効にならないと、教えてもらったのですが」

と言って納得しない方もいます。

しかし、書面による請求は、民法上では「催告」にすぎず、時効の成立を6カ月だけ延ばすことができるだけです。

しかも、「催告」には1回しか効果がありませんので、何度も何度も請求書を送っても、最初の請求書が先方に届いた日から6カ月間、時効の成立を延ばすことができるだけなのです。

ですから、ぎりぎりのタイミングで請求書が到達し、相手が到達したことを認めたとしても、2年6カ月以内に裁判所を通した正式の手続を取らなければ、時効は成立してしまいます。

とはいえ、「黙って諦めてください」というようなことは、弁護士たる者、決して言ってはなりません。

たとえ時効が成立していても、知らない顔をして回収に行って、払ってもらえればめっけものなのです。

相手が、時効を主張（法律的には「時効の援用」と言います）しない限り、時効は成立しませんから、それまでに回収してしまえばやったもん勝ちになります。

また、代金の一部の支払いを受けたり、相手が承諾書（「○○万円の未払い代金があることを認め、×月×日までには支払います」というようなもので十分です）を書いてくれれば、もはや相手は、支払いを拒むことはできないのです。

このように、仮に時効が成立していたとしても、相手が知らなければ、覆す手段はたくさんありますので、諦めずに状況に応じてトライしてみることを、いつもアドバイスしています。

短期消滅時効などというものは、案外知らない人が多いものです。

ダメ元で支払いを請求してみたら

私が依頼を受けた事件で、次のようなものがありました。

なつかれてしまったのか、何かとよく相談に来る松田さんが、ある日、手形を持って事務所を訪れました。

発行者は山本さんという人物で、鈴木さんという人物が裏書きをしていました。手形の裏書きとは、手形を譲渡する手続です。手形の裏面に裏書きをすると、手形の発行者が手形金額を支払わなかったとき、代わりに支払う義務が発生します。

事情を聞くと、松田さんが山本さんに500万円を貸すにあたって、鈴木さんが、山本さんの保証をするということで手形の裏書きをした、とのことでした。手形の裏書きにはそのような効果があります。

よくよく見ると、その手形は、何と4年前のものでした。

「先生、個人同士の貸金の時効は10年ですよね。手形を発行した山本が蒸発してしまったので、今まで、裏書きをした鈴木に散々請求したのですが埒があきません。ここは裁判をやってでも回収してもらいたいのです」

私は、う～ん……と唸ってしまいました。

たしかに、個人同士の金銭の貸し借りの時効は、松田さんの言うように10年です。鈴木さんも、通常の保証人であれば、10年経たないと、自身の保証債務の消滅時効を主張して支払いを拒絶することはできません。

しかし、借用証の代わりに、山本さんに手形を発行してもらい、それに鈴木さんに裏書きをしてもらったという本件では事情が異なってきます。

手形債務は3年で時効が成立するので、それにひっかかってしまう恐れがあるのです（手形では時効がもっと短いものもありますが、ここでは省略します）。

手形は強力な回収手段ではありますが、その分、迅速性が求められることから、時効期間が短くなっているのです。

昭和52年の最高裁判例でも、今回のケースのような裏書きは「隠れた手形保証」と呼ばれ、当事者に特段の事情が認められない限り、手形債務について〝のみ〟、鈴木さんは保証したと認められるというものがあります（特段の事情を認めた最高裁判例もありますが、本件で特段の事情があったと認定するのは困難でした）。

手形債務〝のみ〟の保証と認定されれば、手形債務の時効期間である3年の経過をもって、裏書きをした鈴木さんにも時効が成立してしまいます。

普通の借用証を作成して、鈴木さんに保証人として署名・捺印してもらっていれば、山本さんはもとより鈴木さんに対しても、松田さんは10年の時効を主張できたのですが……。

手形を過信して、鈴木さんの意思をしっかり確認することなく手形裏書きで満足してしまった松田さんは、大きな落とし穴に落ちてしまったのです。

「ダメ元でもいいから、先生、やってくださいよ！　鈴木には逃げられっぱなしで我慢ならないのです。鈴木は、私に待ってくれと頭を下げるどころか、居留守を使ったりして会おうともしないのです。黙って引き下がることなんて悔しくてできませんよ」

ほとんど〝泣き顔〟になった松田さんを見て、私はできるだけ着手金を少額にとどめて、

「いいですか。相手が弁護士に相談したら、まずアウトですよ」

と念押しして、依頼を受けることにしました。

民事事件の最高裁判例には、弁護士にとっても裁判官にとっても、六法に書かれた条文と同じような効力があります。

最高裁判例に反するような判決を下す裁判官は、ほとんどいません。

まさに「泣く子と最高裁判例には勝てない」という状況で、私は本件を受任しました。

私は、鈴木さんに対して「500万円と年6分の遅延損害金を支払ってもらいたい」という趣旨の内容証明郵便を出しました。

それから2週間くらい経った頃でしょうか、鈴木さんの委任を受けた弁護士から電話がありました。

その内容は、な、何と次のようなものでした。

「当方本人の鈴木が署名・捺印した手形をお持ちなのでしょう。鈴木も、署名・捺印をしたことは認めています。そこでお願いがあるのですが、500万円は支払いますから、年6分の遅延損害金を免除していただくということで和解できないでしょうか？　年月が経っているので遅延損害金もバカになりませんが、500万円は一括で支払いますから」

一も二もなく、私が承諾したことは言うまでもありません。

おそらく、相手方の弁護士さんは、先の最高裁判例をご存じなかったのでしょう。

このように、弁護士でさえ、少しややこしい案件になると時効のことを忘れがちなのです。ましてや、素人が時効についてよく知っているとは、私には到底思えません。

ですから、運悪く、ご自身の持っている債権が時効にかかっていたとしても、すぐに諦める必要はまったくないのです。

後日談ですが、着手金を少なめにした松田さんから、私は成功報酬の方はしっかりいただこうと楽しみにしていました。

ところが、得意の〝泣き顔〟で「家族が病気で……」などと言ってすがられたため、成功報酬までまんまと値切られてしまいました。

本当に、泣く子には勝てません（苦笑）。

㉒何より強い「無資力の抗弁」

共同事業の相方から訴えられた！

「このようなものが裁判所から届きました」

私とほぼ同年代の川村さんが、事務所に相談に訪れ、鞄《かばん》の中から書類を出しました。

「これは、訴状と呼出状ですね。え〜と、提出期限と呼び出し期日は……まだ大丈夫です」

裁判所から訴状と呼出状が届いても、しばらく放っておいて、呼び出し日の直前になってから相談に来る人がときどきいます。

これはとても危険なことです。

呼び出し日に出頭しないと、民事訴訟では「欠席判決」というものが下され、原告（訴えた側）の全面勝訴になってしまうからです。

ですから、直前にそれらの書類を持ってこられた弁護士は大変。

大急ぎで、訴状に対する答弁書（被告側が原告の主張である訴状の内容を争うというもの）

を作成し、細かな反論は後日ということにして、取り急ぎ裁判所に提出しなければなりません。川村さんの持ってきた訴状はおおむね次のようなものでした。

原告である武本さんと川村さんは、二人で共同で事業をやることにした。

武本さんは、事務所を借りたり備品を購入したりするため、銀行から1000万円を借りた。川村さんは、事務所を探して借りたり、備品を買ってそろえたり、はたまた見こみ顧客を一軒一軒訪問して、事前営業などを行った。

1年間、共同事業は続いたが、思ったように収入がなく赤字続きになったため、事業を止めることになった。

武本さんには1000万円の借入金が残ってしまったので、共同経営者である川村さんに半額の500万円を支払ってほしい、という訴えだったのです。

「なるほど〜。共同経営を開始するに当たって二人で契約書は交わしましたか？」

「いいえ。昔からの知り合いだったので、特に契約らしきものはしていません」

「じゃあ、口約束でもいいですから、何らかの取り決めはしませんでした？」

「それもけっこうアバウトで、武本さんがお金を借り、私が開業の準備やお客さん回りを担当するということと、売り上げは折半にしようということくらいでした」

「それで、川村さんは1年間で、この事業からいくら収入を得たのですか？」

「200万円くらいです。このまま続けていれば収入はなくなったでしょう」

「わかりました。この訴訟を引き受けますので、共同事業をやっていた1年間の収入を示すもの、たとえば預金通帳とか明細書とかを持ってきてください」

ということで、この訴訟で、川村さんの代理人になることを引き受けました。

相方の借金をどこまで負担するか

呼び出し期日までに十分時間があり、川村さんも早めに明細書を持ってきてくれたので、詳細な答弁書を書くことができました。

答弁書の概略は次のとおりです。

原告（武本さん）と被告（川村さん）の共同経営の約束は、民法上の組合契約である。

（組合というと、農協や漁協を想定する方が多いと思います。しかし、民法上の組合は、複数の私人同士がそれぞれ全員と契約して、各人が出資して何かの事業をやったりするもので、二人で出資して共同経営の約束をするのも立派な組合契約なのです）

原告は1000万円の金銭出資をし、被告は事前準備や営業活動などの労力を出資した。

出資比率は、およそ原告7割、被告3割と考えられる。

今般、共同事業を解消したというのは、組合契約の解散であり、原告と被告は残存価値を出資比率に応じて分配すべきものである。

残存価値としては、事務所の敷金150万円、備品売却益10万円、原告が1年間で得た利益300万円、被告が得た利益200万円の、合計660万円である。

それを、原告と被告の出資比率で分配すると、原告462万円、被告198万円となり、被告には残余財産から198万円を受け取る権利がある。

被告は、残余財産のうち200万円を保持しているので、被告が原告に支払うべき金銭は、200万円から取り分198万円を差し引いた2万円にすぎない。

要するに、「当初二人は民法上の組合契約を結んで、原告は金銭出資を、被告は労力出資をしたのだから、解散するときは、残ったお金等を当初の出資比率で分けるのが原則だ」「出資比率を7対3とすれば、残った財産を原告が7割、被告が3割で分け合うべき」という主張です。

裁判の第1回で、訴状と答弁書に目を通していた裁判官は、双方に和解の打診をしました。双方とも、それに応じ、次回、和解の協議をすることになりました。

私は、その前に川村さんと面会し、

「いくらなんでも、2万円では相手は納得しないでしょうし、判決になってもそれなりの金額の支払いを命じられるでしょう。川村さんが、現在払える金額はどのくらいですか？　あ、もちろん、借金するなど無理はしないでくださいね」

と、和解金の支払い意思を打診すると、川村さんはビジネスマンらしく、きっぱりと答えました。

「150万円が限度です。この金額なら持ち合わせがあります。それ以上支払わなくてはならないとなると、当面の生活費もままならなくなります」

「了解しました。限度150万円で交渉しましょう」

持たざる者からは取り立てようがない

当日、私は川村さんに同行を頼んで、控え室で待機していました。

担当書記官が、まず私に和解室に入るよう促しましたので、私は裁判官が待機している和解室に入りました。

「え〜と、ですねえ。今回の事件はたしかにご指摘のとおり組合契約だと私も考えます。しかし、原告は1000万円も出資しているので、出資比率が7対3というのでは、原告は絶対に応じませんよ。ざっくばらんにうかがいますが、被告としてはいくらまでなら支払う気持ちがありますか？」

裁判官の質問に対して、本件では値切り交渉は得策ではないと考えた私は、

「駆け引きなしで申し上げます。150万円が限度です。この金額でしたら一括でお支払いできますが、それより高くなると被告には支払い能力がありません。それ以上の金額を支払えとの判決をいただいても、原告側は資産を持たない被告に対して強制執行もできないでしょう」

「そうですか〜。200万円くらいまで、何とかなりませんか？」

「最初に申しましたように、本件では一切駆け引きするつもりはありません。被告本人と相談した結果、最大限支払える金額を提示しました」

「わかりました。それでは、原告と代わってください」

和解室を出て、相手方の代理人に声をかけてから、私は控え室に戻りました。

「川村さん。駆け引きなしで150万円をぶつけました。原告が納得しなくとも、それより高い金額は取りようがありませんので、裁判官の説得に期待しましょう」

「そうですね。でも先生、こういうときって、ある意味〝ない者勝ち〟みたいなところがあるんですね」

「ええ、私は、これを〝無資力の抗弁〟と勝手に呼んでいます。幸か不幸か、川村さんは持ち家がなくてご両親の家に住んでおられますし、勤め人でもありません。先方は、不動産に強制執行することも、給与を差し押さえることもできません。反対の立場からすると〝無資力の抗弁〟は一番頭の痛いものなのです」

原告代理人の弁護士と原告本人である武本さんが和解室に入って、ずいぶん時間が経ちました。

武本さんがなかなか納得しないんだろうな〜と思いながら、ともかく待つことにしました。

「被告代理人とご本人で入ってください」

書記官に呼ばれて、川村さんと私は和解室に入りました。

「原告本人がなかなか納得しなかったのですが、金額的には150万円で説得しました。一括で支払っていただくのはもちろんですが、いつまでに支払えますか？」

どうやら、裁判官の説得が効を奏したようです。

「月末までにはお支払いします」

川村さんは、きっぱりとした口調で答えました。

「わかりました。今月末限り、原告代理人もしくは原告本人の銀行口座に振りこむということで、よろしいですね！」

念押ししてから、裁判官が原告側を和解室に入れました。

「今月末までに、ということです。原告はそれでよろしいですね」

「ええ、致し方ありません」

原告代理人の弁護士が、苦々しい口調で応じました。

「ということで、和解成立です。これから調書を作りますから、何か付加することがあったら言ってください」

このような次第で和解が成立し、川村さんは約束どおり月末までに150万円を送金しました。

銀行に1000万円を返済し続けている武本さんにはお気の毒ですが、川村さんも限度一杯の金額を支払ったのです。

いずれにしても、〝無資力の抗弁〟は、民事事件では最強だな〜、とあらためて実感した次第です。

コラム　自分で自分の身を守る知恵

親しい間柄だからこそ、貸し借りしない

金銭トラブルがこじれる事案のほとんどは、親族や知人が絡んでいるケースです。

親族や知人の連帯保証人になって業者から返済請求をされたり、親族や知人に貸したお金が返してもらえなかったり、困っているのを見かねて援助をしたのに借金を重ねたり……とかく情の絡んだ金銭トラブルはややこしいですね。

実のところ、金銭トラブルの多くは、弁護士に依頼しなくても自力で訴訟等の手続ができるものなのです。貸金返還請求や自己破産はパターン化された手続なので、書店で売っている入門書を読むなり裁判所の書記官に尋ねるなりすれば、比較的簡単にできてしまうのです。裁判所の書記官はおおむね懇切丁寧に教えてくれますし、手続の知識は弁護士より豊富です。

トラブルにならないよう、ふだんから心がけるべきことは、親族や親しい友人との間でこそ、金銭的な貸し借りや援助をしないことです。金銭問題でもめると人間関係に大きな亀裂が入るので、いっときの情が原因となって大切な人間関係が破綻してしまう危険性があります。

借金返済のためにさんざん援助した挙げ句、本人を事務所に連れてきて自己破産の依頼をし、「今後一切関わらない」という絶縁状代わりに弁護士費用を支払っていった親族たちもいました。

友人同士の金銭の貸し借りが周囲の人間まで巻きこんでしまったケースもあります。貸した方は「あいつ

は借金を踏み倒す不義理者だ」と罵り、借りた方は「あいつは血も涙もない借金取りだ」と言って罵るのです。周囲の人間たちも、おのずから両名とは距離をおくようになってしまいます。

金銭トラブルで絶対に忘れてはならないのは、消滅時効です。民法の条文を誤解して、請求書を出し続けていれば時効は成立しないと考えている人は案外多く、大切な商品代金（売掛金）を時効消滅させてしまうケースが極めて多いのです。

また、商売上の取引を始める際に、相手の信用力を調査すべきであるのは言うまでもありません。商業登記簿や不動産登記簿を閲覧するくらいのことは最低限やっておくべきでしょう。仕事がないからといって回収できない取引をしてしまうと、まさに「泣きっ面に蜂」です。

相手に差し押さえることのできる財産がなければ、勝訴判決をもらっても「絵に描いた餅」にすぎないということを、銘記しておいてくださいね。

第5章 相続

㉓相続は「争続」です

絶対にやってはいけないこと

「父が亡くなりました。残してくれたのは従業員5人の小さな会社だけです。私は、高校を卒業してから父の会社に入社して専務として現在に至っています。会社の株式だけが相続財産なのですが、弟や妹は会社の仕事のことは何もわかりません。私一人だけで会社を相続することはできないのでしょうか？」

このような相談を受けることが頻繁にありました。

会社のケースだけでなく、亡父と一緒に農業をやってきて、残された財産は田畑だけ、農地を分割すると、農業経営が成り立たないという相談もありました。

このような相談を受けたとき、私が必ずアドバイスすることがあります。

「絶対にやってはいけないことがあります。それは、あなたが勝手に作った（多くは税理士や司法書士等に作ってもらうのですが）書類を、弟さんや妹さんのところに持っていったり、送りつけたりして、実印を押して印鑑証明書を出せ、と一方的に告げることです。そのようなことをすれば、間違いなく相続でもめることになりますから」

なぜ、このようなアドバイスをするかというと、逆の立場の方々（上記の例だと弟や妹たち）の相談を、私はたくさん受けてきたからです。

彼ら、彼女らの言い分というのは次のようなものです。

「私だって事情はわかっていましたから、会社は全部長兄に継いでもらうことで納得していました。しかし、突然、1枚の書類を送りつけられ、実印を押して印鑑証明書を出せと迫られて、兄の態度に心底カッとなってしまいました。こうなったら、法律で定められた相続分を主張するつもりです。遺産分割の手続について教えてください」

独り占めするという「うしろめたい気持ち」を持っている側は、嫌なことは早く済ませてしまいたいという傾向があるのに対し、譲るのもやむなしという「諦めの気持ち」を持っている側は、自分自身を納得させるプロセス（真摯な話し合いや心ばかりの〝判子代〟など）をほしがる傾向がある。

要するにこういうことなのです。

兄弟姉妹は天敵の始まり

私ごとで恐縮ですが、私自身、このような弟や妹の立場に立たされたことがあります。

母は、父が寝たきりになったことから、父の通帳と印鑑を使って父の預貯金をすべて自分名義の口座に移していました。

兄は、大学受験に失敗し続け、3浪の末、当時の河合塾の偏差値ランキングで最低ランクの私立歯科大に滑りこみ、巨額の寄付金と授業料を父に支払ってもらって歯科医になりました。

父が他界すると、母と兄は、何ら話し合いもしていないのに、遺産のほとんどを二人が相続するという、税理士が作成した一方的な書類を持ってきて、実印を押して印鑑証明書を出すよう要求してきました。

それまでは、母や兄の事情は「ある程度やむなし」と察していましたが、この勝手すぎる態度は、到底我慢できるものではありませんでした。

私は、一方的に作成された書類を、怒りのあまり、すぐに破り捨ててしまいました。

世間ではこのようなことが往々にしてあるものだと熟知していた弁護士の私でさえ怒り狂ったのですから、一般人同士であれば絶対に収拾がつかないことになるでしょう。

私の家庭内のことまで書いてしまって、大変恐縮です。しかし、このようなことは本当にたくさんあるのです。

冒頭に書いたような相談は、役所が行っている無料法律相談に出向くと、毎回必ず1、2件はありました。

「兄弟姉妹は他人の始まり」と言われますが、実際には「兄弟姉妹は天敵の始まり」と表現した方が、私には適切なような気がします。

「うしろめたい気持ち」を持つ立場になったら、決して急がず、「申し訳ないのだが、○○のような事情なので何とか協力してもらいたい」という態度で臨むべきでしょう。

最近は長寿の方が増えたせいか、相続人である息子や娘も高齢の方々が多くなりました。

そういう方々が生きてきたのは、長男が跡取りとして大切にされることが多かった時代です。そのような世代の方々の間でさえ、今、相続は簡単に「争続」に発展していきます。

ましてや、家督相続という言葉すら知らない若い世代の方々にとっては、「平等相続」が常識になっています。

「急がば回れ」というのが、円満相続の要諦《ようてい》であるということを忘れないでくださいね。

㉔親族を脅し、弁護士費用まで値切った強欲じじい

親族が印鑑証明書を送ってくれない

山田と名乗る80歳前後とおぼしき男性が、相談にやってきました。

少し耳が遠いのか、大きな声で、たどたどしく話を始めました。

「実は……ですな。この書類に署名して印鑑を押した敦子《あつこ》が、何度電話で催促しても印鑑証明書を送ってこないのです」

「ちょっと拝見」

と言って、その書類を見ると、どうやら公道を作るために土地を国に売却する書類で、何名かの連名で署名・捺印がなされていました。

「これは、国道を通すために、国に土地を売却する書類ですか？」

「そうです。私の父名義になっている土地でしたので、相続人を司法書士さんに探してもらって、全員の署名・捺印と印鑑証明書が必要とのことでした」

「失礼ですが、山田さんのお父様名義でしたら、法定相続人はたくさんいらっしゃったのではないですか？　この連名で書かれた方々で全員ですか？」

「ええ、全員で11名です。その中に、太田敦子というのがいるでしょう」

連名の中から太田敦子さんの名前を見つけました。

「この方ですか？」

「そうです。実は、敦子とは、あいつが幼いときに顔を合わせたきりでして……現在は大阪に住んでいることがわかりました。そこで、敦子に連絡して、伝えたいことがあるので一度私の家に来てほしい、と頼みました。それで半年前、敦子は夫を連れて私の家に来て、この書類に名前を書いて印鑑を押してくれたのです」

「しかし、印鑑証明書も必要だということですね？」

「そうなのです。先ほど申しましたように、敦子はなぜか印鑑証明書を送ってくれないのです」

私は、きっと何らかの理由があって、敦子さんが印鑑証明書をわざと送ってこないのではないか、と思いました。

「敦子さんが印鑑証明書を送ってこない理由に心当たりはありませんか？」

「いいえ。私にはサッパリわかりません。そこで、先生に敦子を説得してもらいたいと思って、こうしてうかがった次第です」

「わかりました……。ところで、この道路の補償金（代金ですね）は、いくらくらいになるのですか？」

「さあ……数千万円だと聞いておりますが……」

「はっきりわからないのですか？」

山田さんに見せてもらった書類だけでは、金額が確認できなかったので、着手金として50万円、報酬金として100万円の弁護委任契約を結ぶことにしました。

弁護委任契約書に署名してから、山田さんは契約書を吟味するように見ながら私に尋ねました。

「これは、うまくいったら合計150万円お支払いする、という意味ですか？」

「はい、その他、郵便代や訴訟になったときの印紙代は別途お支払いいただきますが、それらは、それほどたいそうな金額にはならないと思います」

「先生！　1本にはなりませんか？」

と、山田さんはニヤニヤしながら私の顔をのぞきこんで言いました。

「1本というのは、合計で100万円ということですか？　それは勘弁してくださいよ。うまくいけば数千万円もの大金が入るのでしょう。しかも、公用収用ですからおそらく無税で。これでもずいぶんお安くしているのですから……」

「よ〜くわかりました」

山田さんはあっさりと納得して、弁護委任契約書のコピーを持って、帰っていきました（ちなみに、私は依頼者の二度手間を省くため、依頼者が特に原本を望まない限り、弁護委任契約書のコピーを依頼者に渡すようにしていました）。

預かった書類に記載されていた太田敦子さん宛、私は次のような趣旨の内容証明郵便を送りました。

「当職は、山田某の代理人として、貴女様にご連絡する次第であります。貴女様は、去る○年△月×日に、山田宅にて、山田某の父親名義の不動産の売却に関する書類に、相続人のお一人としてご署名、ご捺印されました。ご承知のとおり、売却のためには貴女様の印鑑証明書が必要であります。誠にお手数とは存じますが、貴女様の印鑑証明書を当職宛お送りくださいますようお願い申し上げます」

「署名・捺印するまで帰さない」と脅された

それから2週間くらい経った頃でした。

太田敦子代理人と称する島田弁護士から手紙が届きました。

その内容は概略、次のようなものでした。

「太田敦子は山田某に呼びつけられて山田宅に赴きました。事前に何の事情も聞かされず。山田某の家に入ると、数名の人物（おそらく他の相続人たちでしょう）の間に座らされ、突然、出された書類に署名・捺印するよう強要されました。突然のことに戸惑った太田は、最初はことわりましたが、署名・捺印するまでは帰さない、と脅されたため、夫と相談の上、やむをえず署名・捺印して、逃げるように山田某宅から出ることができました。このように、太田は事情も説明されず、強引に署名・捺印をさせられたのです。したがって、太田としては印鑑証明書を交付する意思はありません」

やはりこういう事情があったのか～と、今までに見てきた相続争いに思いをはせながら考えました。

そして、一度山田さんを説得しようと決心しました。

数日後、事務所にやってきた山田さんに対して、私は次のように切り出しました。

「山田さん。太田敦子さんの代理人の島田弁護士から手紙が来ましてね、あなたたちが、相当強引に太田さんに署名・捺印させたと書いてあるのです」

島田弁護士からの手紙を見た山田さんは、顔を真っ赤にして怒り出しました。

「し、失礼な！　いやしくも敦子は私の（亡くなった）妹の娘ですよ。赤ん坊のときはおしめも替えてやりました。こんな脅すようなことをするはずがありません！」

「まあまあ落ち着いてください。物事のとらえ方は人によって異なるものです。法律上は、敦子さんにもお金を受け取る権利があるのです。数千万円も入るのなら、敦子さんの取り分を分けてあげてはいかがですか？」

「と、とんでもない！　この土地は、私が長年手入れをしてきたのです。ですから、他の連中も判子を押してくれたのです。小さいときしかここにいなかった敦子に、お金を分けることなんてできません！」

「他の方々には、いくらかお分けになるのでしょう？」

「それは……そんなことは関係ありません！　身内のことですから！」

「法定相続分全額とまではいかなくとも、せめて敦子さんが納得するくらいのお金を出すことはできませんか？　金額については、私が島田弁護士と交渉しますから」

「絶対に出せません！　ずっと大阪に行ったきり、私に一度も連絡してこなかった敦子には！」

「どうしても出せませんか〜。やむをえないですねえ。それでは訴訟を起こすしかありませんが、よろしいですか？」

「ええ、かまいませんとも。だから、先生に依頼したのですから！」

ということで、私は、太田敦子さんを被告として、不動産の移転登記手続をせよ、との訴訟を提起しました。

何度かの口頭弁論を経て、山田さんと敦子さんの本人尋問が開かれることになりました。

島田弁護士は、山田さんに、敦子さんが家に来たときの状況や、帰れなくしたのではないかなどということを反対尋問で尋ねましたが、山田さんは、

「そのようなことは一切しておりません」

の一点張りで通しました。

敦子さんの主尋問では、敦子さんは島田弁護士の質問に対して、

「何の理由も知らされずに山田さんから呼び出された」

「数人に囲まれて怖かった」

「名前を書いて捺印するまで帰さないと言われた」

「その日のうちに大阪に帰りたかったので、やむをえず署名・捺印した」

というような証言をしました。

さて、反対尋問を、と思って私が立ち上がろうとすると、裁判官が、

「今から和解の勧告をします。まず、原告代理人、和解室に来てください」

と、突然、和解勧告を行いました。

もとより、私は本件では和解が望ましいと思っていましたし、物別れに終わっても反対尋問

を行う時間が十分残っていましたので異議は唱えず、島田弁護士も「ええ、まとまる可能性があるようなら」ということで了承しました。

お金ではなく意地の問題

島田弁護士が退室したあと、和解室には、山田さん本人を控え室に残して、私だけが先に入るよう指示されました。

裁判官が開口一番、

「この訴訟は原告、つまり先生側の負けですねえ。本人を説得していくらか和解金を出してもらえませんか？」

と言ったので、私は、

「まだ反対尋問が終わっておりません。反対尋問で、被告本人（敦子さん）が、土地の売買であることを不確実ではあれ認識していたこと、署名・捺印をしたときに売買がなされても仕方がないと思っていたこと、などを聞き出してみせます」

と、裁判官の心証に異を唱えました。

「でも、どの土地でいくらくらいなのかも知らせていないのでしょう。私の心証は変わりませんから」

と、裁判官は心証を変えるつもりがないことを私に伝えました。

心証とは、裁判官がその事案の事実関係について抱いている認識や確信のことです。一般に、裁判官の中には、訴訟の経過を見ながら心証を形成していく人もいれば、訴状と答弁書を見ただけで心証を形成してしまう人もいるそうです（伝聞ですので真偽の程はわかりません）。また、和解手続で、心証を明らかにして説得を試みる裁判官もいれば、あくまで心証を内に秘めたまま、和解手続を進める人もいます。

本件の裁判官は、一度心証を固めたら、まず変えることがないというのが、弁護士間でもっぱらの評判でした。

控え室で待っていた山田さんに、裁判官の心証はこちらに不利であること、いくらかの和解金を払う意思があるのなら、ここで決着をつけることができるということを説明しました。

山田さんは、頭を抱えこんで、泣くような叫び声を上げました。

「なんで、なんで、私がお金を出さなきゃならんのだ！　何十年もあの土地を手入れしてきたのは私なのに！　そ、そんなバカなことがあるものか……」

次第に弱々しい涙声に変わった山田さんに対して、

「敗訴して控訴していたら、また日数がかかりますよ。ねえ山田さん。負けるが勝ちとも言うじゃないですか。早く、数千万円を手に入れた方がいいのではないですか？」

と、私が説得しました。

「いくら、いくら出せばいいのですか……？」

山田さんが、肩を落として尋ねてきましたので、

「できるだけ安くなるよう交渉します」

と言って、私は、金額次第では和解に応じる旨を裁判官に伝えました。

裁判官が島田弁護士と敦子さんを和解室に呼んで話をするということで、和解手続が進んでいきました。

その結果、何と200万円という、思ったよりもずっと少ない金額で和解ができました。

金額の問題じゃなく、敦子さんの意地だったんだろうな～。

私はしみじみ思いました。

やられた！ 弁護士費用を値切られた

一件落着して、和解調書が届いたと山田さんに電話をすると、

「先生、私は昨晩不思議な夢を見ましてねえ。あの先生からいただいた弁護委任契約書が、白い鳥になって飛んでいってしまったのですよ」

と、訳のわからない話を始めました。

「弁護委任契約書の原本なら私の事務所にありますよ。ご心配なく」

と言っても、かまわず山田さんは話し続けました。

「不思議な夢でしてねえ〜、神様がくれた予兆だと私は思っているのですよ。これは、先生が報酬金を安くしてくれるということだと信じているのです」

あ〜、そういうこと〜。

訳のわからないことを言い出したと思ったら単なる値切りか、と判断した私は、

「それで、おいくらにすればいいのですか？」

と、単刀直入に尋ねました。

「最初にお願いした1本。つまり合計100万にしてほしいのです」

と、にわかに声を大きくして山田さんが頼んできました。

「わかりました。では、報酬金は50万円でけっこうです。郵便代などを計算した請求書をお送りしますので、お支払いいただきましたら和解調書を取りにいらしてください」

また泣き叫ばれても困るし、勝訴でなく和解終了だし。自分自身に言い聞かせて、私は、渋山田さんの要請に応じました。

それから半年くらい経ってからのことです。

売った土地に道路ができたので見に来てほしい、という連絡が山田さんからありました。

そういえば……今回は現地を見ていないよなあ～ということで、山田さんに連れられて真新しい道路を見学することになりました。

「いや～、先生のおかげで道路も無事できましたし、3億円ものお金ももらえました」

山田さんが何気なく発した言葉に、

「え、数千万円じゃなかったのですか？　3億円って……最初からわかっていたのですか？」

と驚いて私が尋ねると、

「はて……数千万円なんて言いましたっけ。私も年ですのでよく憶えていません。ともかく、新しい道路ができて便利になりましたねえ。土地もみなさんのお役に立てて喜んでいるでしょう！」

と、満面に笑みを浮かべて山田さんは答えました。

やられた！　最初から弁護士費用を値切るつもりで金額を少なく言ったんだな。

知らなかったとはいえ、敦子さんにまで迷惑をかけてしまった。

私は、してやられた悔しさと、敦子さんへの申し訳なさで心が一杯になり、もはや怒る気にもなれませんでした。

強欲じじいの策略に、見事にしてやられてしまいました。

それにしても、80歳くらいのご高齢。亡くなるまでに3億円も使えるのでしょうか？

コラム 自分で自分の身を守る知恵

一度争ったら二度と円満な関係には戻りません

相続案件でまず厄介な問題は、相続財産の確定です。

被相続人（亡くなった人）が持っていた不動産や預貯金は、被相続人の名義になっていることから、隠れた預貯金でもない限り、まず明確になります。

厄介なのが、生前に誰がどれだけもらったかとか、被相続人のためにどれだけ貢献したかという「特別受益」と「寄与分」の主張です。相続人がたくさんいる案件だと、みながそれぞれ自分に有利な主張を繰り広げて、収拾がつかなくなることがとても多いのです。

また、動産や現金も「あったはず」「いや、なかった」という攻防が繰り広げられます。客観的に見れば無価値な動産であっても、被相続人の形見のような品物だと、相続人たちが固執し、それが原因で骨肉の争いに発展することもあります。

相続財産の範囲が決まっても、その相続財産が分割できないというケースも少なくありません。典型的な例は、農地や会社の株式や経営権です。相続人のうちの一人が農業や会社経営を継承し、他の相続人が相応の金銭を受けられれば問題はないのですが、金銭が存在しないと極めて厄介な問題になります。

最悪の場合、長期間争った挙げ句、誰も家業を継ぐことができず、農地や会社財産を第三者に二束三文で買い叩かれて、相続人全員が想像すらしていなかったわずかな金銭を痛み分けして、泣く泣く終了するケースもけっこうあります。

相続争いを避けるためには、被相続人になる可能性のある人が、自分の亡きあと子どもたちが争うであろうことを、しっかり認識しておくことが第一歩です。自分の亡きあと、子どもたちが仲よくしてくれると思いこむのは、楽観的すぎる期待です。子どもたちの骨肉の争いを回避したいのであれば、しかるべき手段を事前に講じておきましょう。

争いを避けるためには、遺留分を計算に入れた公正証書遺言をしっかり残しておくことです。遺留分とは、遺言の内容にかかわらず、法定相続人が相続することのできる、遺産に対する最低限度の取り分です。「全額をAに相続させる」という文言の公正証書遺言を目にすることがありますが、これでは遺留分をめぐってさらに熾烈《しれつ》な争いが生じることは明らかです。遺言を作成するに際しては、各相続人の遺留分を確保することを肝に銘じておきましょう。

長きにわたって裁判所で争った結果、それなりに満足できる財産を得たとしても、親族関係は決して修復しないこともお忘れなく。

相続は「争続」。一度戦いが始まったら、永遠に円満な関係には戻りません。

第6章

理不尽もろもろ

㉕近しい間柄でもめるのは最悪

隣人や兄弟と事をかまえるなら覚悟の上で

近しい間柄であればあるほど、もめたときの憎しみは強烈なものです。

たとえば、物理的に近しい間柄である〝お隣同士〟。

土地の境界争いになると、お互いが不倶戴天《ふぐたいてん》の敵同士であったかのように、ものすごい敵愾心《てきがいしん》をもって争います。

ほんの数十センチからせいぜい1メートル程度でも、郊外の財産価値が極めて乏しい場所であっても、徹底的に争う人たちが大勢います。

境界確定の訴訟となると、はっきり言って私たちではさっぱりわからないことが少なくありませんでした。

地面に線が書いてあるわけじゃありませんし、公図（土地の区画と地番を明確にするために登記所に据え置く図面）も正確とは言えず、双方が主張する土地の面積と登記簿上の公簿面積が違うのは当たり前だったからです。

現地に行って境界のサインとなりそうなものを探し、実測面積と公簿面積の比較をしたり、形状においては公図を参考にしたり……などなど、とにかく境界争い事件は弁護士泣かせです。敗訴した側（自分の主張線が認められなかった側）は、必ずといっていいほど控訴しますし、まさに10年戦争になることも決して少なくありませんでした。

ご近所として毎日のように顔を合わせなければならない相手であることが、闘争心を助長することになるのでしょう。

身分的に近しい間柄である相続案件も、もめると大変なことになります。

「兄弟姉妹は他人の始まり」とよく言われますが、相続争いになると「兄弟姉妹は天敵の始まり」になってしまうことは、先にも述べました。

特に、最近はお年を召した方々の争いが増えてきたせいか、相続調停に当事者を連れていくと、調停委員の目の前で、罵り合いが始まることも珍しくありません。

事件が解決しても、彼らの間に生じた溝は永遠に埋まることはなく、敵同士の間柄が未来永劫続くと言っても過言ではありません。

これに比べ、離婚はもともと他人同士で、別れてしまえば他人に戻ってしまうことから、後腐れが少ない事例が多いようです。一時の激情はあったとしても、何年か経過すると、子どもたちのことで相談し合ったり、と冷静な他人同士に戻る人たちが多いのです。

地理的な事情や戸籍の関係で、離れることのできない近しい間柄の人と事をかまえるときは、十分な覚悟が必要ですねえ。

㉖新築した家の雨漏りが止まらない

ヘボ業者は最後までヘボ

「新築したばかりの家で雨漏りがするのです」

悲痛な顔で相談者が私の目を見つめてきました。

聞くところによると、隣接する敷地で、4家族がY建設に依頼して家を新築したところ、4軒すべての家で雨漏りがするとのことでした。

Y建設にクレームを言って、何度も直しに来させたそうですが、一向に雨漏りは直らない。

困り果てた4家族の人たちが、私の事務所を訪れたというわけです。

建築設計についての知識を持ち合わせていない私は、依頼を受けるかどうか逡巡《しゅんじゅん》しましたが、このままではあまりにもお気の毒。

まずは、民事調停を申し立てることにしました。

調停委員に設計士の方が付いてくれたので、現地で調べたり、Y建設の代表者を呼び出して詳しく事情を聞いたりしました。

「弊社の責任で、完全に雨漏りを止めてみせます」

Y建設代表者が力強く言ったので、十分な期間をとって雨漏り工事をさせることにしました。

工事が終了したとのことでしたので、別の業者に依頼して放水実験をしました。

その結果……雨漏りは止まりませんでした。

しかも、4軒すべてで。

放水実験をした業者さんが、「ちょっとウチでやってみましょうか？」と言ったので、藁《わら》にもすがる思いで修繕工事をお願いしました。

すると、雨漏りはピタリと止まったのです。

その後の台風や暴風雨まで様子を見ましたが、以前のような雨漏りはまったくなくなり、全家族の人たち全員がようやく安堵しました。

Y建設からは、修繕費と慰謝料を支払ってもらうことで合意。

調停成立と相成りました。

それにつけても、Y建設って、いったいどういう業者だったのでしょう！

現地では、売り出し中の新興ゼネコンということでしたが、4軒すべてで雨漏りが生じ、あれこれ手を尽くしても修繕すらできないなんて。ヘボはあくまでヘボということなのでしょうかねぇ……。

家を建てるときは、業者を十分吟味する必要があるということを痛感した事件でありました。

㉗医療事故裁判を お勧めしない理由《わけ》

医療訴訟はなぜ難しいのか

弁護士になりたての頃でした。

大病院で高齢の親族が手術を受けたが、手術が失敗して亡くなったという相談者が訪れました。

「執刀医の先生は、この手術は一日に数件やることもある手慣れた手術ですからご心配なく、とおっしゃっていたのに……まさか死亡するなんて……」

と、無念の涙を流す相談者を放っておくことができず、依頼を受けることになりました。

「まずは、カルテや看護記録などの証拠保全をしなければなりませんが……」

と私が言うと、

「書類でしたらすべてコピーをいただいてきました」

と、驚き顔の私の前に、くだんの相談者は次々とコピーを出してきました。

「よくここまで出してくれましたねえ」

「はい、院長先生から直接いただきました」

「ここまで病院側が協力的なら、何も私のような弁護士に依頼しなくてもいいのではないですか？」

「ただ、死亡の原因や賠償についてはおっしゃっていただけませんので、やむなく先生にお願いにあがった次第なのです」

釈然としない気持ちを抱えながら、私は医療訴訟関係の必携書と言われている書物をすべて入手し（大変な出費でした）、預かったコピーを横に書物と格闘する日々を過ごしました。

しかし、所詮《しょせん》、医学に関しては素人。ましてや、手術室という密室で行われたことを解明できるはずもありません。

弁護士向けの医療訴訟の本に書いてあった協力医を探そうと、あちこち当たってはみたものの、ふだん交流のある医師たちからもすべて門前払いを食らう始末。

いただいた着手金（50万円）をお返しして、任を解いてもらおうと思っていた矢先でした。

ふだんから人間的にも尊敬していた外科医の先生から、

「資料だけなら、こっそり見てあげてもいいよ」

という連絡をもらいました。

資料に簡単に目を通した先生は、

「突然、血圧が下がっているなあ。間違って血管を切ってしまったのかな……」

という仮説を立てられました。

麻酔に関係するミスだとばかり思っていた私は、この仮説の裏付けを済ませ、病院長宛に内容証明を送りました。

面談したいという連絡を受け、頭の中に死亡原因の仮説とその裏付けを叩きこみ、いざ病院に足を運びました。

院長と面談し、仮説を述べると、な、何と、あっさりと「おそらく、そうなのでしょう」と、認めてくれるではありませんか。

よくよく話をしてみると、その院長はたいそうな人格者で、遺族に対して申し訳ないという気持ちを持ち続け、嘘や隠し事はすまいと決意されていたようでした。

おかげで、法廷闘争に持ちこむことなく示談が成立しました。

「謝れる医師になれ」

私が買いこんだ書物の中に、ある医師が「謝れる医師になれ！　誠心誠意尽くせば、患者さんや遺族はわかってくれる」と、若い医師たちに教育しているという記述があったのを思い出しました。

それから数年後、医師会で講演をする機会がありました。

「この書物に、謝れる医師になれ！　と書かれています。数カ月前、某医師会で講演した弁護士は『知らぬ存ぜぬを通せ』と話して新聞沙汰になりました。だからといって、私はみなさんに『謝れる医師』になれなどと大それたことは言えません。いざというときにどういう態度で臨むかは、みなさんの良心にお任せします」

というような話をして講演を締めくくった記憶があります。

㉘営業秘密を持ち逃げされたら泣き寝入りするしかない？

「営業秘密持ち出し」を立証するのは難しい

転職をした人から、

「以前働いていた会社から『営業秘密を持ち出した』ということで、弁護士から内容証明が来ました。私には身に覚えはありません」

という相談を、ときどき受けました。

また、転職者を雇用した顧問先の会社からの、

「今回新たに雇った従業員が、前の会社の営業秘密を持ち出したということで、前の会社から弊社に対して不正競争防止法違反だと言ってこられました」

という相談もありました。

不正競争防止法で保護される「営業秘密」とは、以下の要件に当てはまるものです。

1　秘密として管理されていること（秘密管理性）
2　事業活動に有用な技術上または営業上の情報であること（有用性）
3　公然と知られていないこと（非公知性）

ですから、社内秘として保管していた「顧客名簿」や「技術上のノウハウ」などを持ち出して、同業他社などに転職すれば、法律上は「差し止め」、場合によっては「損害賠償」の対象になります。

もっとも、現実には、ワンマン社長が経営する会社から、古参社員が辞めたときなど、「かわいさ余って憎さ百倍」とばかりに、辞めた社員をいじめるために、「営業秘密の持ち出し」をされたと叫んで、事務所の門を叩く経営者が少なからずいました。

私はこういう相談を受けても、証拠がない限り依頼を引き受けることはありませんでした。というのは、逆の立場の側の依頼を受けて元の会社に逆襲してしまった経験が多く、「営業秘密」の不正取得・悪用を立証することは事実上困難だと知っていたからです。

「営業秘密」の不正取得という理由で訴えられたあるケースでは、相手方企業に「退職金規程」があることを知り、退職金支払いの反訴を起こし、まんまと退職金を支払わせることに成功したことがありました。

依頼者は、

「弁護士から内容証明が来たときにはタダで済めばよしと思っていたのに、退職金まで払ってもらってとてもハッピーです」

と、とても喜んでくれました。

退職した社員が、パソコンからデータを取得するなど、明らかに「営業秘密」を不正取得していたという証拠でもない限り、一時の感情に任せて法律事務所の門を叩くことはお勧めできません。特に、企業法務専門の事務所は弁護士費用がとても高いですから。

転職者の頭の中に叩きこまれたノウハウ等は、どうやっても消去できませんし、ふだんから秘密管理を徹底していれば、そう簡単に持ち出しはできないものです。

怒りに駆られて訴えを起こし、ノウハウは持ち出されるわ、裁判には負けるわで、泣きっ面に蜂ということにならないよう、十分ご留意ください。

㉙自分の土地の隣に産廃処分場ができるなんて

「一人残らずだまされた」なんてありえない

家やビルを建て替えるとき、壊した建物の廃材はどこに行くのでしょう？
身近なことではありますが、廃材の行方にまで思いを巡らせる方は少ないのではないでしょうか？

これらは、家庭ゴミなどの「一般廃棄物」とは異なり、「産業廃棄物」として中間処理施設などでスクリーニングされ、最後は産業廃棄物最終処分場というところで埋め立て等の処分がなされます。

産業廃棄物には、汚泥や動物の糞尿、はたまた廃油などもあるため、最終処分場が近くに建設されるのを、ほとんどの人が嫌がります。

そこで、産業廃棄物最終処分場を建設するに当たっては、都道府県が積極的に関与し、近隣の地権者の同意を必要とする場合が少なくありません。

ある日、事務所の面談スペースでは座りきれない人数の相談者が、私の事務所を訪れました。聞くところによると、彼らの持っている山野の近くに産業廃棄物最終処分場建設計画が持ち上がっており、断固として建設中止を求めたい、とのことでした。

「隣接地権者全員の同意書を提出しないと、県が許可しないはずですが……」

と、私が当時の県の規制について説明すると、

「実は、隣接地所有者は、全員同意書を業者に提出してしまったのです。私たちは、隣接地所有者ではありませんがその近辺に土地を持っている者たちで、隣接地所有者に事情を聞いたら、『だまされて同意書を書かされた』とのことなのです」

と、相談者のリーダー格の人物が説明しました。

ははぁ。

さては、隣接地所有者たちは、判子代でももらって同意書に署名・捺印はしたものの、隣接地外の人たちに責められて、苦し紛れに「だまされた」と言っているのだな。

隣接地所有者全員が一人残らずだまされるということは到底考えられない、と推測した私は

「本当にだまされたことが証明できれば、県は建設を許可しないでしょう。まずは、隣接地所有者たちに直接会って、どのような状況で、何と言われてだまされたのか、ということを書面にしてもらって、県の担当者に折衝に行ったらいかがでしょう」

と、回答しました。

産廃の不法投棄は必要悪？

産業廃棄物最終処分場は、多くの地方自治体で慢性的に不足しています。それに乗じて、不法投棄をして高額な収入を得ている業者も少なくありません。

かつて、産業廃棄物の不法投棄で逮捕され、起訴された被告人の弁護を担当したことがあります。

彼のやったことは、決して許されることではありませんが、彼が接見の際に私に話した次の言葉は忘れることができません。

「私だって不法投棄しなくて済むものなら、こんなヤバいことに手を染めませんよ。しかし、誰だって家の建て替えをしたり、所有しているマンションの建て替えをしているじゃないですか。それに伴って出た廃材や瓦礫《がれき》を処分する場所が圧倒的に不足しているのです。私のやったことは、裁判では言えないけど、一種の必要悪だと思っています」

㉚事故で大怪我！味方になってくれる目撃者がいない

依頼者は嘘を言っていないと確信

親しい知人の紹介で、20代の女性・由香さんとそのお父さんが、交通事故についての相談で事務所を訪れました。

交差点での車同士の事故で、由香さんの運転する軽自動車と中型トラックが衝突しました。由香さんは、あちこちに後遺症の残る大怪我を負ったのに対し、トラック側の運転手らは無傷。双方とも、前方の信号は青だったと主張。

早朝（6時頃）の田園地帯だったので、目撃者はトラックに同乗していた運転手のガールフレンドただ一人です。ガールフレンドが、トラックの前方信号が青だったと証言したため、刑事事件にはならず、損害保険会社も賠償金は支払わないとのこと。

でも、由香さんとしては、自分は絶対に信号無視などしていないので納得できないとのことでした。

お父さんも、

「顔だけは無事でしたが、体中に大きな傷がいくつもできて、よほど理解のある男性じゃないと娘は結婚できません。傷は元どおりにはなりませんが、相手の態度がどうしても許せない」

とのことでした。

実況見分調書に添付された図面を見ると、私自身何度か車を運転して通ったことのある交差点でした。

田園地帯を横切る幹線道路に、農道を少し大きくしたような道が交差する場所で、農道からだと、高くなった幹線道路に向かってのぼっていく緩やかな坂道の頂点が交差点になっていました。

「この農道を走っていれば、幹線道路を走る車はよく見えますよね。幹線道路に入る前に坂がありますから、自然に速度は落ちます。この交差点を赤信号で幹線道路に入るとしたら、まさに自殺行為ですね」

と、私は二人に言い、由香さんが嘘を言っていないという確信を得ました。

事故前日に由香さんは友達の実家に遊びに行っており、朝食をご馳走になってから、出勤準備をするために早めに帰宅しようとしていた最中でした。

「裁判官が現地で車を運転してくれれば一番よくわかるのだけどな〜」

と思いましたが、残念ながら担当裁判官は外出が大嫌いだったので、現地に足を運んではくれません。

やむなく、友人に車を運転してもらいながら、由香さんが交差点に入った経路を私がビデオで録画して、証拠として提出しました。

証人への反対尋問で怒り爆発

唯一の目撃者であるガールフレンドへの反対尋問で、私は次のような質問をしてみました。

「失礼ですが、ずいぶん早朝からのデートですね」

「しかも、トラックは彼が勤務している会社のものでしょう？」

「前日の夜から一緒にいて、彼は寝不足だったのではありませんか？」

しかし、彼女は、当日、職場に出勤するために彼に拾ってもらっただけだの一点張りで、つけいる隙を与えません。

「前方の信号はずっと青でしたか？　それとも、赤から青に変わったばかりでしたか？」

と尋ね、

「ずっと青でした」

という証言を、ガールフレンドから引き出しました。

「とすると、信号機の時間差を考えても、原告本人（由香さん）は、青から赤に変わる寸前で交差点に進入したのではなく、赤になってしばらく経ってから交差点に進入したことになります」

「そうですか」

「あなたは車の運転をしますか？」

「はい」

「問題の交差点を農道側から幹線道路に向かって走ったことは？」

「あります」

「幹線道路にのぼっていって、信号が完全に赤の状態で交差点に突っこむのは、自殺行為に等しいのではありませんか？」

「そうかもしれませんが、他人のやったことですから私にはわかりません」

「原告本人はあなたと同年代の女性です。将来、結婚できないような怪我を負った上に、資力が十分にある保険会社が賠償金さえ支払わない。それでも、あなたは、トラック前方の信号が絶対に青だったと言い切れますか？」

「はい。悪いことをしたのだから、怪我をしても仕方がないと思います」

「悪いことだと〜？　このアマー！」

と、心の中で怒りを爆発させながら、私は反対尋問を終えました。

判決の日まで、相手方証人を崩せなかった自らの力不足を感じながら、憂鬱な日々が続きました。あとは、裁判官が証拠書類等を丹念に読んでくれるのを祈るのみです。

ところが、判決はこちらの完全勝訴！　送付されてきた判決書を見ながら、思わず涙をこぼしてしまいました。

現場を車で走ったことのある職員に、裁判官が聞いてくれたのかもしれない、などと思いながら……。

裁判から数年後、由香さんから「結婚しました」というハガキをもらったときは、またまたうれし涙をこぼしてしまいました。

㉛不当解雇したあなたの自業自得です

「都道府県労働委員会」を知っていますか

都道府県労働委員会というものをご存じでしょうか？

各都道府県に設置されている機関で、原則として「使用者側」と「労働組合側」との紛争を解決する組織です。

委員には「労働者委員」「公益委員」「使用者委員」の3種類があり、都道府県によって異なりますが、おのおの5〜10名前後の委員で構成されることが多いようです。

事件が持ちこまれると、優秀な県職員のスタッフが事前に双方の主張を整理してまとめ、委任を受けた労働者委員、公益委員、使用者委員の合計3名に、まとめた書類を渡します。

期日には、合計3名の委員と県職員のスタッフが同席して、使用者側と労働者側の意見を直接聞きつつ、和解の斡旋《あっせん》などを行います。

私は、以前、とある県から公益委員に任命され、地方労働委員会でたくさんの有益な経験を積ませていただきました。

企業内組合を持つ大企業が少ない地域だったことから、労働者は合同労組に加入して使用者側と相対することが多くありました。

私は、事前にもらっていた「まとめ」を熟読し、期日までに「あーでもない」「こーでもない」などと、あれこれ仮説を立てつつ、双方の争点の「落としどころ」の目途《めど》を付けるようにしていました。

目途が付くと、場合によっては和解案も事前に作成して、期日に臨みました。

公益委員とは裁判長のような役割で、議事進行を任されます。

労使双方立ち会いの下、まず双方の主張の要点を私が述べ、間違っていたり付け加えたりすることがあれば、その場で言ってもらうようにしました。

これは、ガラス張りの状態で、双方の主張を整理して、双方に同じ内容を共有してもらうためです。

そこまでのプロセスに双方とも異論がない場合には、事前に用意した和解案を示し、それを飲んでくれるかどうか、双方をそれぞれの控え室に戻して相談してもらいます。

事前に想定していた「落としどころ」がすんなり通ると、その日のうちに和解が成立し、一件落着となります。

私は、この方法を用いることによって、多くの案件を即日で落着させました。最短記録は、開始から42分で和解成立というものです。

和解したそばから、また即、不当解雇

ある事件でのことでした。

そこそこ従業員数のいる会社の従業員が、不当解雇されたとして、合同労組に加入して中立を行ったというものです。

使用者側の主張は、勤務態度が不真面目である等、主観によるものばかり。何日遅刻した等の客観的主張がまったくなく、正当な解雇事由が見いだせませんでした。

要は、経営者たちが、当の労働者の態度を気に入らなかったにすぎないと、私は推測しました。

不当解雇であっても、従業員数が少ない小さな職場の場合は、職場復帰をしても労働者が働きにくい場合が多く、事実、労働者自身も職場復帰を望まないことが多くあります。そのため、使用者側が労働者に相応の解決金を支払うことで和解が成立することが多いのが実情です。

しかし、本事件では、労働者が職場復帰を強く要求しました。

私は、その意向が本物であることを確認し、使用者側を呼んで、現在の労働法規や労働判例

に照らせば、解雇は明らかに不当と判断されること、裁判で争っても（ほぼ間違いなく）会社が敗訴するであろうということ、継続雇用を前提として、労働者に改めてもらいたい点があれば（無理のない範囲で）それも和解条項に加えることができること、等々を説明しました。

使用者側である会社の社長と専務は、しばらく控え室で相談していましたが、委員会室に戻ってくると、「和解して労働者を復職させる」という意向を示しました。

細かな点を調整して和解が成立。一件落着……となったはずでした。

翌日、私の事務所に委員会のスタッフから電話があり、

「昨日のあの会社、労働者が職場復帰するなり『何という面倒を起こしてくれたのだ！』と非難して、即刻解雇してしまいました。先生の方から会社側に注意していただけませんか」

とのこと。

私は呆然としてしまいました。

「もちろん今すぐにでもあの社長に電話します。委員会の立場もあると思うのですが、きつく叱ってもかまいませんか？」

「きつ〜く叱っていただいてかまいません」

とのお墨付きをもらいました。

私は当の社長に電話して

「いやしくも公の場で交わした約束を破るとはどういうことですか！　合同労組の人たちがすぐにやってきますよ。私は知りませんからね！」

と、まくし立てました。

数時間後、当の社長から私の事務所に電話があり、「合同労組の連中が、会社の前で街宣《がいせん》行動を始めました。これじゃあ仕事になりません。先生の方から何とか言ってもらえませんか……」

と懇願されましたが、

「自業自得でしょう。ご自身で対処してください」

それだけ言って、私は電話を切ってしまいました。

守れない約束は決してしてはいけませんよね。大人ですから……。

㉜「告訴不受理の原則」を知っていますか

アパートが不法侵入されている

私が弁護士になりたての頃のことです。

村田さんと名乗る初老の女性が事務所を訪れ、次のような相談を受けました。

「私は古いアパートを持っているのですが、今は女性一人しか入っていません」

「何部屋くらいのアパートですか？」

「5部屋の小さな木造アパートです」

「それで、本日いらっしゃったのは、アパートがどうかされたのですか？」

「実は、一人だけ借りている女性の息子、20歳くらいかと思うのですが、母親の部屋の隣の空き部屋に出入りしているのです」

「それは間違いないのですか？」

「ええ、合い鍵を使ってその部屋をのぞいたら、若い男の人の服やらバイクのヘルメットやらが置いてあって……そうそう薄い布団も敷いてありました」

「女性の息子さんに間違いはありませんか？」

「間違いありません。私……彼が、その部屋に出入りするところを見たのです」

「そりゃあ、間違いなく住居侵入ですよ」

「でも、警察に行っても相手にしてくれません。何とかお願いできないでしょうか？」

ということで、私は村田さんの依頼を受けることになりました。

警察が告訴状を受け取ってくれない

まずは、犯罪行為があるのだから警察に告訴しようと思い、詳細な告訴状を書いて所轄の警察署に行くことにしました。告訴とは、犯罪の被害者やその他一定の者（告訴権者）が、捜査機関に対して犯罪事実を申告し、犯人の処罰を求めることを言います。

警察署の刑事課に入って、

「弁護士の荘司と申しますが、告訴状を出しに来ました」

と、入り口近くにいた人に言うと、少し奥の方に座っていた45歳くらいの男性が近寄ってきて、部屋の中の応接ソファに案内してくれました。

「私、係長の柴田といいます。荘司先生、ですか……」

柴田係長は、私の名刺を見ながら穏やかな顔で自己紹介しました。

「はい。今日は告訴状を持って参りました」

と言って、したためた告訴状を柴田係長に渡しました。

柴田係長は、告訴状に丁寧に目を通してから、

「先生、これはお預かりできませんねえ」

と、受理を拒否したのです。

「そんなバカなことはないでしょう。記載事実が不明確、不特定、記載内容から犯罪が成立しないことが明白なもの等でない限り、告訴・告発を受理する義務があるというのが、通説・判例じゃないですか？　警察には、受理する義務があるはずですよ！」

と、私は食い下がりました。

柴田係長は苦笑いをしながら、話を続けました。

「まあまあ先生、落ち着いてくださいよ。ところで、この事実関係を拝見すると、住居侵入ではなく不動産侵奪になると思うのですが……」

「たしかに、居着いているわけですからねえ……わかりました。書き直してきます」

柴田係長はまだ何か言いたそうにしていたのですが、私は大急ぎで警察署から事務所に戻って告訴状を書き直しました。

その日は別の相談が入っていましたので、翌日、柴田係長のところに行って、「ご指摘のように、不動産侵奪罪で告訴状を書いてきました。今度こそ受理していただけるのでしょうね？」

と迫ると、柴田係長は困ったような顔をして、

「いやあ、やはりお預かりできません」

と言うではありませんか。

「私の聞くところでは、この息子は相当なワルらしいです。そんな男がアパートの部屋を勝手に使っているのに、警察は告訴を受理せず放置しておくのですか！」

人のよさそうな柴田係長が、いかにも「困ったなあ～」という表情をしています。

「それでは、柴田さん、私と一緒に現地に来てくれませんか。幸い、ここから車ですぐですから。私の車に乗っていってください」

と、別の角度から詰め寄ると、

「わかりました。では行きましょう」

と言って、若い警察官に声をかけて、その警察官と一緒に警察署の駐車場まで出てきました。

二人の警察官を車に乗せて、私は現地のアパートに向かいました。

警察官が同乗しているとなると、どうにも運転が落ち着かないものです。

私は、慎重に運転しながら、ようやく現地に着くことができました。

アパートの敷地は広く、木造1階建てのアパートがポツンと建っています。

柴田係長ともう一人の警察官は周囲を見回し、ナンバープレートが外から見えないように折り曲げられているバイクに目を付けました。

「これは、その息子のバイクですか?」

「はい、依頼者の大家からそのように聞いています」

「こりゃ~、お話どおりワルのようですね」

と言いながら、柴田係長は母親の部屋のチャイムを鳴らしました。

出てきた母親は50歳くらいで、生活に疲れているような印象を受けました。

「警察の者ですけど、あなたの息子さんは隣の部屋に住み着いているのですか?」

警察という言葉に少しだけ動揺した母親は、

「さあ……私もよく知りません。あの子はいつも友達と遊んでるから……」

と、言葉を濁しました。

「お手数ですが、隣の部屋の中と、外にあるバイクを確認してもらえますか?」

母親は、柴田係長の言葉に素直に従って、部屋の中とバイクを確認しました。

「あれらは、全部、息子さんの物ですか?」

「そうだと思います」

「息子さんが帰ってきたら、警察が来たと伝えておいてください。それじゃあ、先生、帰りましょう」

と私の方を振り向いて言うなり、さっさと車の方に歩いていきました。

息子本人もいないし、これ以上現地にいる意味がなかったので、私は車に二人の警察官を乗せて、来た道を戻ることにしました。

帰りの車の中で、

「先生、あの息子、きっとすぐに出ていきますよ」

と、柴田係長がはっきりと言いました。

数日後、私がもう一度現地に行って母親に事情を聞くと、

「息子は、私が警察が来たと言ったら、どこかへ逃げていきました」

とのこと。柴田係長の予想どおりになったのです。

依頼者の村田さんに立ち会ってもらって隣の部屋をのぞくと、中はきれいに空っぽになっており、バイクもなくなっていました。

すぐに頑丈な鍵に取り替えるよう村田さんに指示をして、万一息子が帰ってきたときのことを考えて、私はもう一度、母親と話をしました。

「息子さんのやったことではありますが、母親としての自覚はお持ちですか？」

「ええ。本当に申し訳ないことだったと思います。私もちょうど引っ越そうと思っていたのです」

「引っ越し先は確保しているのですか？」

「知人が持っているアパートだったら、いつでも入れてくれますので」

「そうですか……別にあなたまで出ていく必要はないのですよ」

「ありがとうございます。でも、息子がまた悪さをしたら、村田さんにご迷惑ですから……」

後日、母親が気の毒だと思っていた私が、村田さんに、

「母親の引っ越し費用くらいは出してあげるおつもりはありませんか？　法律的には、彼女が出ていかなければならない責任はないと思いますので……」

と言って説得すると、

「ええ、ええ。出ていってもらえるのなら喜んで出します。あのアパートは住人がいなくなったら取り壊して新しい建物を作ろうと考えていましたから……」

と、私の提案に満面の笑みで同意してくれました。

それはそうでしょう。

母親まで自発的に出ていってくれたら、村田さんの土地利用目的の建て替え計画は、すぐに

でも実行できるのですから。

とにもかくにも、これにて一件落着。

警察はなぜ告訴状を受理しないのか

今になって思い返すと、われながら警察でよくねばったものだと感心する一方、弁護士としての経験不足を痛感して複雑な気持ちです。

その後、弁護士活動をしていくうちに、警察が、ちょっとやそっとでは告訴状や告発状を受理しないということを嫌というほど思い知らされました（告発とは、告訴と似ていますが、広く第三者が、捜査機関に対して犯罪事実を申告し、犯人の処罰を求めることを言います）。

告訴、告発を受理するには、上司の決裁がいるというのが理由らしいのですが（真偽は不明です）、この不受理の原則（？）に多くの弁護士が歯ぎしりしています。

私を含め、多数の弁護士が関わったある民事事件で、多額のお金が暴力団に吸い上げられたということが判明しました。

たまたま、その事件に関わった弁護士たちの多くが、弁護士会の民暴委員会のメンバーだったので、告発状を受理するよう、みなで代わる代わる、所轄署に圧力（？）をかけに行きました。

一番熱心に足を運んだのは、依頼者が多額の被害を受けた私だったのですが、担当課長に、

「万にひとつでも、負け戦はしたくない！」

と言われ、

「十分な根拠があるから何人もの弁護士が来てるのに！　もう警察なんて頼まんわい！」

と、心底腹を立てて帰ったことがあります。

軽微な事件や刑事事件にもならないものに忙殺されている警察の実情はとてもよく理解できますが、不受理の原則（？）は、何とか改善してもらいたいものです。

㉝小事をたきつけて紛争にする悪徳弁護士

肝心なことが書かれていない内容証明

私の顧問先で、海外の企業とも幅広く取引をしていた会社がありました（A社とします）。

ある日、A社の専務から次のような連絡がありました。

「弊社に、ドイツの会社（B社とします）が、弁護士を代理人として損害賠償の請求をしてきました。弊社としては、まったく身に覚えがないのですが」

私は、取り急ぎ、社長と専務に面談し内容証明を確認しました。

内容証明は、

「貴社とB社の間で交わされた基本契約書△条に貴社は違反したので、本書を以《もっ》てB社の被った損害の賠償を請求する」

といった内容で、A社がどのようにして契約違反をしたのかが、書かれていませんでした。

当該契約書の△条というのは、かなりテクニカルな文言でしたが、簡単に言ってしまえば、双方の協力関係を破綻させるような行為を具体的に列挙したものでした。

しかし、内容証明をいくら読んでも、A社のどのような行為が契約に違反しているのかが、まったく記載されていませんでした。

余談ながら、内容証明には、B社代理人として、かつて著名人と結婚して有名になった某弁護士の名前が記載されていました。

私は、早速、その弁護士に連絡をとり、損害賠償を請求する理由についてもっと詳しく知りたい旨を伝えました。

しかし、某弁護士の言っていることは極めて曖昧で要領を得ません。

そこで私が、

「一度お目にかかって、先生側のご主張を明確にうかがいたいのですが」

と、提案すると、某弁護士は、

「あんなことをされたら、誰だって怒るでしょう。話し合いに応じるつもりはありません」

と、私の提案を突っぱねて、一方的に電話を切ってしまいました。

私は、A社の社長にその旨を伝え、裁判所から訴状や呼出状が届いたら、すぐに連絡をくれるよう指示しました。

ところが、それっきり、半年経っても1年経っても、訴状も何も届きませんでした。

わざと事件に仕立てて自分が依頼を受ける?

1年くらい経って、A社の社長と別件で話をしていたとき、

「ところで、ずいぶん以前の話ですが、例のB社とはその後どうなっていますか?」

と尋ねてみました。

「ああ、そんなこともありましたねえ。あの後しばらくは様子を見ていたのですが、B社が従来どおりの取引を求めてきたのです。何事もなかったかのような友好的な態度で。今では、良好な取引関係が築かれています」

「なんだか変な話ですね〜。喧嘩を売ってきたのはB社じゃないですか」

「あのとき、B社は日本に進出してきて間がなかったので、あの弁護士に、日本の商習慣ではどうのこうのと言われて、ついつい依頼してしまったようですよ。ですから、弊社としても〝武士の情け〟で、過去のことは問わないようにしたのです」

「弁護士の件は、直接B社の責任者から聞いたのですか?」

「いえ、第三者経由ですから、確かかどうかはわかりません。なんでも、B社が弁護士にけしかけられて危うく大恥をかくところだったとか、そういう話でした」

弁護士の中には「ほんの小さなこと」や「小さな誤解」をあえて大事《おおごと》にして事件に仕立て、

その依頼を受けるという輩が少なからずいます。

某弁護士にそのような意図があったのかどうか？　失踪してしまった今となっては、知るよしもありません。

㉞泣く子と裁判官の心証には勝てません

被告をコテンパンにやりこめて一審勝訴したものの……

ある日突然、かつて裁判で争ったことのある相手方本人・山南さんが相談にやってきました。

なぜか、私はかつての相手方本人から相談や依頼を受けることが多かったのです。

大抵はかつて負かした相手です。「敵ながらあっぱれ」とでも思ってくれたのでしょうか？

さて、彼の依頼は次のようなものでした。

とある土地の開発に当たって、宅地建物取引主任者（当時。現在は宅地建物取引士）の資格を持っている彼に開発会社から依頼が来ました。

端的に言えば、開発に必要な土地の買収を依頼されたわけです。

かつての私との訴訟で学習能力を身に付けた山南さんは、開発会社と入念に契約を交わしました。契約書の内容は、山南さんが一定期間、開発会社の従業員として働き、報酬は成約額の数％とするというものです。

山南さんは、基本的に一生懸命働くタイプではなく、いわゆる「結果重視」の人物でした。誠実さがあふれ出て（実際に誠実な人物でした）、他に委託された人々の、10分の1とまではいかないものの、少なくとも半分以下の労力で、委託された土地の買い付けに成功しました。

ところが、開発会社の社長は、

「山南のように、ほとんど仕事をせず、サボってばかりいた人間に、契約どおりの報酬を支払う必要などない」

と主張し、挙げ句の果てに訴訟にまでなってしまったのです。

山南さんの依頼を受けた私は、プロセスはどうあれ、契約どおりの結果を残したのだから契約どおりの報酬を支払うのが当たり前だと主張し、開発会社の社長を反対尋問でコテンパンにやりこめました。

判決は、当然ながら勝訴。

ところが、相手である開発会社の社長が控訴し、山南さんが、いかにいいかげんな人物であったか、山南さんがいかにまったく働いていなかったか、等々の陳述書を何通も書証として出してきたのです（出したのは相手方の弁護士ですが）。

〝労働量至上主義〟にどっぷりつかった裁判官

控訴審では、左陪席《ひだりばいせき》（実質的に判決を起案する、一番若手の裁判官です）の女性が和解の手続を勧めたのですが、どうも、この左陪席の考えがおかしい。

この左陪席は、本件は雇用契約の一種であり、報酬は労力量に比例し、必ずしも結果で決まるものではないという考えを、心証として明らかにしたのです。

私は、本件は「指揮命令権」のある雇用契約ではなく、不動産業者（宅地建物取引主任者たち）の仕事は、結果さえ出せば、たとえほとんど労力を使わなくとも、相応の報酬が得られるものだと説得しましたが、どうにも、彼女には納得がいかないようでした。

私はよほど、手間のかかる判決も手間のかからない和解も、一件処理して黒字と評価される裁判官と同じだと、言いたくなりました。

しかし、それを言っては、依頼人に不利益な判決を書かれる恐れがあります。

〝泣く子と高裁裁判官の心証には勝てない〟というのが、弁護士としての限界であります。

私は、相手方にも〝不利〟をちらつかせて和解に持ちこんでいるのではないかと、慎重に探りを入れ、相手方同席の機会も設けて話し合いました。

（ときとして、アホ弁は、裁判官に「あんたのほうが不利だ」と言われると、途端に自分の依頼者を説得する傾向があります。また、それを狙って双方に対して「あんたが不利だ」と脅して黒字を稼いでいるアホ裁判官が多いのが実情です）

裁判官の心証や相手方の姿勢をあれこれ見た限り、この裁判官は〝労働量至上主義〟に陥っていると判断した私は、地裁レベルでの判断より2割も安い金額で和解しました。

民事裁判の事実認定においては、高裁が最終審と定められています。いびつな事実認定をされたからといって上告しても、最高裁でそれを覆すことはできず、門前払いを食ってしまうのです。

あ〜あ。

結局、裁判所も、意味のないサービス残業をしている裁判官や書記官を評価するシステムに、どっぷりつかっているのかもしれないなあ、と思いつつ、和解に応じた次第です。

裁判所にしてこうですから、現実社会において、仕事の効率性を高めて残業をしないというポリシーの持ち主がいかに冷遇されているか。

まだまだ、日本社会に根強く残る、就業時間の長さイコール仕事への熱心さ、という発想が、多くの就労者を苦しめているのだろうということを実感する事件でした。

㉟納車されたばかりの新車がぶつけられた

車は登録するだけで値段が落ちる商品

弁護士は、損害保険会社の代理人として、被害者と示談交渉する機会が少なくありません。

あらかじめ数名の弁護士と指定弁護士契約を結んでいる会社もありますが、社内で何名かの弁護士のリストを作っていて、事件ごとに「この案件はA弁護士に依頼しよう」というふうに、個別に依頼する保険会社の方が多数派のように思います。

一般的に、保険会社の依頼案件は弁護士報酬が低いのですが、定期的に依頼が来ると安定収入に繋《つな》がりますので、引き受ける弁護士の方が多数派でしょう。

また、個人案件と比べると、保険会社の担当者は「その道のプロ」なので話が通りやすく、無理難題をふっかけられることがないのも、弁護士側のメリットのひとつです。

私も、かつて相当数の保険会社案件を手がけました。

自動車事故の損害賠償は、物損と人損に分けられます。車の修理代などが物損で、治療費や休業損害などが人損です。

私の担当した物損事故の示談交渉で、とても印象に残っている案件があります。

被害者は、待ちに待った新車を納入してもらったまさにその日、広いパーキングスペースに駐車していた新車を後ろから他の車にぶつけられ、車体後方とバンパーあたりが大きく損傷してしまったという、とてもとても気の毒な人でした。

まだ、1時間も運転していない新車に、ボッコリとへこみ傷が付いてしまったのです。

「新車を返してくれ！」

と、誰もが言いたくなるでしょう。

私だって、きっとそういう気持ちになるに違いありません。

しかし、現実は残酷で、車というものは登録してしまうだけで値段が落ちる商品で（いわゆる「登録落ち」というやつです）、新車そのもの、もしくは新車が買える金銭が賠償されることはありません。

（そもそも、損害賠償は金銭賠償が原則ですので、「新車を持ってこい」という要求は通りません）

それにしても気の毒な被害者。

私は、某損害保険会社から依頼を受けて、本件の示談交渉に当たることになりました。

被害者の若い男性は、ショックのあまり寝こんでしまいましたので、示談交渉の主たる相手方は、その男性の両親でした。

「格落ち代」はどんな車に認められるか

本件が弁護士案件になるほどややこしくなった大きな原因は、被害者の母親が、車をぶつけた加害者本人から、「新車を弁償します」という一筆を取っていたことです。示談交渉を開始した当初、被害者側は「新車を弁償します」という誓約書を盾に取って、新車価格の弁償を求め、一切の譲歩をしないという構えでした。

これは厄介な案件だ。

もし裁判になって、「新車を弁償します」という誓約書が有効に成立したものだと認定されれば、加害者が新車価格を被害者に支払い、保険会社は修理費相当額を被害者に支払うということになるのだろうか？

そうなると、新車の価格と修理費相当額の差額は、誓約書を書いてしまった加害者自身の負担になってしまう。

裁判になれば、加害者が一筆書いたときに、自腹を切る意思まで有していたか否かが、争点になるのかな？

などなど、裁判所の判断について、個人的には大変興味深い案件でした。

(某保険会社の担当者の上司も「実は、私も裁判所がどう判断するか、とても興味深いのですよ」とこっそり私に漏らしていました)

しかし、事故の被害者のことを考えれば、早期に賠償してもらうべきであって、個人的な関心で示談を遅らせてしまうわけにはいきません。

被害者側のご両親と誠心誠意、何度も話し合い、少なくとも私個人という人間は信用してもらえたという確信が持てました。

ただ、修理代だけでは到底納得してくれそうもありません。

私は、保険会社の担当者に、車の「格落ち代」を賠償金にプラスしてくれないかと提案しました。

「格落ち代」というのは、主に、事故歴自体に起因する交換価値の減少のことを指します。

中古車を買ったことのある方ならご存じだと思いますが、買う前に必ず「この車は事故歴がありますか？」と販売員に尋ねますよね。

事故歴のある車は、そうでない車と比べて値段が安くなります。ですから、車を下取りに出したり業者に売ったりする場合、事故歴があるとその分評価額は小さくなります。

(ただし、私自身は車を下取りに出したとき、事故歴などを尋ねられたことは一度もありませんでした。プロは塗装の具合などでわかるのでしょうかねえ……)

もっとも、すべての車に「格落ち代」が認められているわけではなく、ベンツやレクサスのような高級車で、購入後間もない場合に認められるのが現在の判例です。

最近では、次のような判例があります（東京地裁平成23年3月29日判決）。

初年度登録から事故発生まで4カ月
走行距離　2856キロメートル
車種　メルセデスベンツE430
修理費　713万6800円（損傷程度は大きい）
評価損　214万1040円（修理費の3割）

ここでの評価損というのが、いわゆる「格落ち代」のことです。

この判例では、修理代の3割の金額が認められています。

「格落ち代」を認めるか否かに関し、保険会社の担当者は当初は否定的でした。というのも、本件で損傷した車は普通の国産車で、いわゆる高級車ではなかったからです。

しかし私は、

「被害者側のご両親は私個人のことは信頼してくれています。どうしても修理代だけしか支払えないというのなら、訴訟に持っていくしかありません。修理代見積もりが約60万円ですから、10万くらい賠償金にプラスしていただければ、早急に示談に持っていけるかもしれません」

と、担当者に食い下がりました。

上司と相談の結果、保険会社の担当者は、10万円を限度として「格落ち代」を認めてくれることになりました。

相手方の一人とまず信頼関係を築く

私は、被害者側のご両親に、当時の判例なども見てもらって、

「これでご納得いただけないのであれば、誠に申し訳ありませんが訴訟を提起していただくか、当方で訴訟を提起するしかありません」

と説明しました。

息子さんも交えて話し合ってから連絡するということで、ご両親は帰られました。

翌日、父親から電話があり、なるべく近いうちに会いたいとのことでしたので、

「ご無理でなければ、私は本日どれだけ遅くなってもかまいません」

ということで、その日の夜、面会することになりました。

示談交渉は、相手がその気になったらできるだけ早く面会するのが私のセオリーです。いたずらに時間が過ぎてしまうと、心変わりされてしまう恐れがあるからです。

当人も含め、3人と面会し、最終的に修理代とプラス10万円の格落ち代を支払うということで示談が成立しました。

当人と母親が事務所から出たあと、父親が私に対して、

「誠心誠意やっていただいてありがとうございました。息子と家内は納得していなかったのですが、私が『いつまでも修理工場に入れたままで、車が泣いているぞ』と言って説得しました」

と、私の労をねぎらうように言ってくれました。

示談交渉の相手が複数の場合、その中の一人からでも強い信頼を得られれば、その人が自分に代わって他の人を説得してくれる、ということを実感した案件でした。

㊱敗訴覚悟で、やらねばならぬ

顧問先は神様です

弁護士との顧問契約というものをご存じでしょうか。

主に会社などの法人が、弁護士もしくは弁護士法人と顧問契約をして、月々決まった顧問料を支払う代わりに、法律相談を無料で受けることができるというのが一般的です。

顧問料は、以前、日弁連の規定があったときは（今はなくなっています）、月額5万円以上となっていました。

私の事務所でも、たくさんの顧問契約をしていただき、月々の安定収入になっていました。

ただ、中小企業が多かったので、顧問料が、月2万円とか3万円の顧問先が、けっこうありました。そういう意味では、大企業相手の法律事務所に比べると、顧問先の数は多くとも顧問料収入は少ない、というのが実情でした。

そうはいっても、安定収入というものは法律事務所にとって、とてもありがたいものです。

「顧問先は神様です」というのが私の口癖で、顧問先の若手経営者や2代目などを集めて毎月勉強会を催すなど、顧問先サービスには全力を注いでいました。

黙っていたらなめられるだけ

ある日のことです。

顧問先のひとつである山川水産の社長から電話があって、

「取引先が納品した水産物の売掛金をなかなか支払ってくれないのです」

という相談がありました。

「神様」である顧問先からの相談ですから、時間をやりくりして早急に面談することになりました。

山川水産の山川社長は、とても謙虚でおとなしい人柄なので、取引先にあまり強く支払いを請求できなかったようです。

山川社長が取り出した請求書の写しを見て、私は一瞬愕然としましたが、取り急ぎ確認事項を聴取することにしました。

「売掛金が300万円弱で、納入先は松本商事ですね」

「ええ」

「相手は、どういう理由で支払いを拒んでいるのですか？」

「なんでも、納入した品物に不良品がたくさんあったとのことです」

「不良品なら、返品してもらって不良かどうかを確認し、本当に不良であれば別の品物を納入すればいいはずですが？」

「私もそう言ったのですが、ともかく不良品だから払わない、の一点張りで、当社から出向くと言っても不良品の検査に応じてくれないのです。出向くこともできず、仕方がないので請求書を発行しては、ときどき電話で催促していました」

「松本商事との取引は長いのですか？」

「まずまず、というところです。ただ、数年前に社長が息子に代替わりしました。新社長との面識は数えるほどです」

「そうですか……」

私は、先ほど出してもらった請求書の写しを山川社長に見せて、

「この日付は間違いありませんか？　納品の日付です」

「間違いありません」

「3年前ですね」

「はい」

「そうですか〜。実は……売掛金は2年で時効になってしまうのです」

「え！　ということは、もう消えてしまっているのですか？」

「そういうわけではありません。しかし、相手の松本商事が時効消滅を主張すると、あ、これを専門用語で〝時効の援用〟と言うのですけどね、裁判で訴えても負けてしまいます」

「そうなのですか〜」

山川社長は、がっくりと肩を落としてしまいました。

「社長。印紙代と郵券代、わずかな金額ですが、ご用意いただけませんか？　ダメ元で私が訴訟を提起します。先ほど申し上げた実費以外は一切不要です」

「でも、負ける訴訟で先生の手を煩わせるのは、申し訳ないですよ」

「それが顧問契約をしていただいているメリットとお考えください。いいですか、私が訴訟を提起すれば、松本商事も弁護士に依頼しなければならないでしょう。無償でやってくれる顧問弁護士がいれば別ですが、顧問弁護士もいない会社だったら、一般事件として弁護士に依頼しなければなりません。もちろん、300万円の訴訟ですから弁護士費用といってもそれほどはかからないでしょう。でも、このまま放っておくのは癪じゃないですか」

「つまり、せめて、松本商事に弁護士費用くらいは負担させてやれ！　というのが、先生のお考えですか？」

「ご明察です。黙っていたらなめられます。なめられたことが業界で広がれば、御社にとって、今後の他社との取引にも悪影響が出るでしょう。ここは、敗訴必至であっても、ガツンと訴訟を提起しましょうよ」

「わかりました。お任せします」

という事情で、私は山川水産の代理人として、松本商事に対し、売掛金支払い訴訟を提起することになりました。

たしかに時効は成立しているけれど

訴状は、「被告（松本商事）が商品に不良品があるとの理由で、原告（山川水産）に商品代金を支払わない、よって、３００万円の商品代金と遅延損害金を支払え」という、ありきたりのものでした。

大阪の弁護士が被告（松本商事）の代理人となって、答弁書が送られてきました。

答弁書には、納品した商品の不良の程度などが詳細に書かれ、このような不良品の代金を支払う義務はない、という主張で、売掛金の消滅時効の主張はありませんでした。

また、乙号証（被告の証拠）として、商品の写真のカラーコピーが何枚か同封されてきました。

その写真を山川社長に見てもらったところ、

「たしかに、多く見積もれば3分の1くらいの商品が傷んでいますね。夏場だったので、搬送中に傷んだのかもしれません。しかし、残りの3分の2は、写真を見る限り、不良品ではありません」

とのことでした。

これは、もしかすると、もしかしたりして、被告側弁護士が短期消滅時効を失念しているのではないだろうか？

と、私は思いきり期待してしまいました。

しかし、被告代理人弁護士は2名の連名になっています。おそらく、一人がボス弁でもう一人がイソ弁でしょう。

（事務所の経営者弁護士のことをボス弁と呼び、雇われている弁護士をイソ弁と呼ぶのが、弁護士業界では一般的です。また、訴状や答弁書が連名になっていても、現実に訴訟を担当するのは弁護士一人という場合が多いのです）

本事件は、おそらくイソ弁である鈴木弁護士だけで進めるはずだが、三人寄れば文殊《もんじゅ》の知恵というように、弁護士が二人そろって短期消滅時効を失念すると期待するのは甘すぎるだろうな〜。鈴木弁護士がボス弁に訴状と答弁書を見せれば、いずれ気づかれるだろう。

私の悪い予感が的中して、第2回の口頭弁論の準備書面では、

「売掛金の時効は2年であるから、時効を援用する」

と書かれていました。

第2回の口頭弁論の日、裁判官もいる法廷で、

「時効を援用するおつもりですか？ しかし、考えてもみてください。この業界は狭いですから、松本商事さんが売掛金を支払わずに時間を稼いで、時効が過ぎたからといって踏み倒した、という風評が立ったらどうでしょう。決して、松本商事さんの将来の商売にとってプラスにはならないのではないでしょうか？」

と、私は鈴木弁護士に向かって話しました。

「では、原告はどのような解決を考えているのですか？」

と、裁判官に尋ねられたので、

「次回を和解期日にしていただけませんでしょうか？ 当方としては、不利なことは承知しておりますので、大幅に譲歩するつもりがあります」

と答えました。

鈴木弁護士も、それでは一応和解で話し合いだけでも、ということで合意してくれたので、次回に和解の協議をすることになりました。

当日。

不良品が3分の1あったことと時効が成立しているという事情を斟酌し、請求金額の3分の1である100万円を支払ってもらえないか、と私は主張しました。

しかし、100万円は難しい、という被告側の態度が固かったので、

「これからも、被告会社と原告会社の間で取引があるかもしれません。ここは、末広がりの80万円ということで水に流しませんか？」

と、私は提案しました。

被告側も「まあ、先々のこともありますしね」ということで、80万円を一括して支払うという和解が成立しました。

その月末に、山川水産の銀行口座に80万円が入金されました。

当日、山川社長から電話があり、

「本当にありがとうございました。これからは、時効の怖さを胸に刻んでおきます。損した分は授業料だと割り切ります」

と、うれしそうな声で、感謝していただきました。

「あと、夏場の搬送にもご注意くださいね」

と言って、私は山川社長との会話を終えました。

顧問契約をしていただいている恩返し（といっては変ですが）ができて、私も本当にうれしかったと記憶しています。

コラム 自分で自分の身を守る知恵

法的トラブルは感情で始まり感情で終わる

一般に法的トラブルの解決が困難でこじれやすいのは、ほとんどが、「感情的に絶対に相手が許せない」「どうしても納得できない」という〝気持ちの問題〟だからです。

近隣騒音を例に挙げればわかりやすいでしょう。お隣との関係が良好で仲よくしているうちは、ピアノの音が流れてきても「○○ちゃん、今日も頑張って練習しているね」とほほえましく感じられたのに、一度関係がこじれてしまうと神経を逆なでする我慢ならない騒音になってしまいますよね。

法的トラブルの多くはこれと同じです。

感情に左右されがちな離婚や相続争いだけでなく、極めてドライと思われるビジネスシーンでも同じです。経営者や担当者が自らの落ち度を素直に認め、誠意を以て対応すれば、裁判沙汰になることは滅多にありません。ビジネス上のトラブル相談を聞いていても、相手の不誠実な対応や態度に対する感情的な怒りがほとんどなのです。

ですから、日頃から最低限のマナーを守るよう心がけることと、無益な争いを避ける姿勢を持つことが、あなた自身の身を守るための秘訣です。

世の中の諍いの多くは、実に小さくてつまらないことが原因で発生しています。他人に迷惑をかけてしまったときに、「失礼」「すみません」の一言がなかったがために争いが大事になってしまう例は、枚挙にいとまがありません。一言を欠いたために、車同士の軽い接触が重大な傷害事件に発展することもあるのです。

無益な争いを避ける姿勢とは、よく「狭い道で犬とすれ違ったら道を譲ろう」と表現されます。権利のための闘争をして犬をコテンパンにやっつけても、一度噛まれた傷の痛みは決して消えません。他人の挑発に乗って法廷闘争に持ちこんで勝利を収めても、それに費やした時間と費用は返ってこないのです。

また、「サンクコスト」という概念を、常日頃から意識しておくことも極めて重要だと私は思います。サンクコストというのは、海の底に沈んでしまった物は泣こうがわめこうが引き揚げることはかなわないので「損切り」してしまおう、という考え方です。沈んだ物の何百倍もの費用をかけて引き揚げようとする人はいませんよね。

ひどい言葉や仕打ちによって受けた過去の痛みは、どれだけ賠償金をもらったとしても決して消し去ることはできません。交通事故で失った手足は、いくらお金を積まれても返ってきません。加害者の手足をもぎ取ることはできないのです。

裁判で解決できるのは、被害に対する金銭賠償にすぎません。よくニュースなどで、裁判で徹底的に真相を解明すべきだと叫ぶ声を耳にしますが、それは絶対に不可能です。裁判で争われるのは法律上の「争点」にすぎず、判決も、「争点」に対する判断を下すだけです。隣地との境界紛争で裁判所が決められるのは「正しい公法上の境界」だけであって、隣人の人間性がいかに極悪非道であるかというようなことは争点にすらならないのです。

紛争の発端が気持ちの問題であるように、紛争を最終的に決着に導くのも気持ちの問題です。過去を忘れて前向きに生きるか、いつまでも過去の遺恨を引きずったまま生きるか。それは結局あなたの気持ち次第なのです。

おわりに

本書でご紹介したケースの多くは、私が新米弁護士の頃に遭遇して驚愕し、その後も類似の経験を重ねることによって「人間の行動パターン」として認識できるようになったものであります。

私の頭の中では常識のようになってしまったことでも、一般の方々からすると驚愕の事実であることが少なくないようです。かつて私を取材してくれた髙橋秀実さんが、著書『損したくないニッポン人』（講談社）の中で、「妻が離婚を決意したら元に戻らない」「瞬間蒸発作戦もけっこうある」という話を〝驚くべき事実〟として取り上げてくださいました。

そのときは、「珍しいことでもなく誰にでも頻繁に起こることなのに、案外知られていないのだろうか……」と、いささか不思議な感じすら覚えました。おそらく、多くの幸福な人々は、全国各地にDV被害者をかくまうシェルターがあることや、転居先を知られないよう住民票に閲覧制限をかけて今も逃げ続けている被害者がいることを、知らないのではないでしょうか？

しかし、幸福な人々に突然襲いかかってくるのが、本書でご紹介したケースの数々です。親族、地域、はたまた職場という絆を失い、意のままに行動する者が増えつつある今日、トラブルがわが身に降りかかる確率は数年前に比べて格段に高くなっています。自分の身はまず自分で守るという気構えを持つことが重要です。警察も弁護士も、頼りっぱなしで何もしない人を救うことはできません。数十年前であれば頼ることのできた親族や職場の同僚との関係も希薄になっており、相談を持ちかけることすらはばかられる雰囲気に溢れています。

一人でも多くの人が、いつわが身に降りかかるとも限らないケースを間接体験することによって、突然の苦境に遭遇しても深手を負わないことを目的として、本書を書きました。

また、本書は経験の少ない弁護士諸氏の業務の一助となることも目的としています。私が弁護士になりたての頃はたくさんのケース・スタディが書籍として刊行されており、事件処理の都度、参考にすることができました。最近その手の書籍が非常に少ないので、本書がささやかでもお役に立てれば幸いです。

最後になりましたが、私のわがままを通して刊行にこぎ着けてくれた編集担当の小木田順子さんと幻冬舎の皆様には、心から御礼申し上げます。

平成28年4月

荘司雅彦

著者略歴

荘司雅彦《しょうじまさひこ》

一九五八年三重県生まれ。

東京大学法学部卒業後、旧日本長期信用銀行に入行。

その後、野村證券投資信託（現 野村アセット）を経て、八八年司法試験合格。

九一年弁護士登録。平均的弁護士の約一〇倍の案件を処理する傍ら、

各種行政委員等を歴任。二〇〇八年〜〇九年ＳＢＩ大学院大学教授。

コメンテーターとしてテレビ・ラジオにも多数出演。

『13歳からの法学部入門』（幻冬舎新書）、

『反対尋問の手法に学ぶ 嘘を見破る質問力』（ちくま文庫）、

『最短で結果が出る最強の勉強法』（講談社＋α文庫）、

『話し上手はいらない』（ディスカヴァー・トゥエンティワン）等、

著書多数。

幻冬舎新書 418

本当にあった トンデモ法律トラブル
突然の理不尽から身を守るケース・スタディ36

二〇一六年五月三十日　第一刷発行

著者　荘司雅彦
発行人　見城　徹
編集人　志儀保博

発行所　株式会社　幻冬舎
〒一五一―〇〇五一　東京都渋谷区千駄ヶ谷四―九―七
電話　〇三―五四一一―六二一一(編集)
〇三―五四一一―六二二二(営業)
振替　〇〇一二〇―八―七六七六四三

ブックデザイン　鈴木成一デザイン室
印刷・製本所　株式会社　光邦

検印廃止

Printed in Japan　ISBN978-4-344-98419-6 C0295
し-8-2

幻冬舎ホームページアドレス http://www.gentosha.co.jp/
*この本に関するご意見・ご感想をメールでお寄せいただく場合は、comment@gentosha.co.jp まで。